Sascha Mihajlovic

Social Media Marketing

Welchen Nutzen haben soziale Netzwerke für Unternehmen?

Bachelor + Master
Publishing

Mihajlovic, Sascha: Social Media Marketing: Welchen Nutzen haben soziale Netzwerke für Unternehmen?, Hamburg, Diplomica Verlag GmbH 2012
Originaltitel der Abschlussarbeit: Nutzung von Social Media Marketing in Unternehmen

ISBN: 978-3-86341-226-5
Druck: Bachelor + Master Publishing, ein Imprint der Diplomica® Verlag GmbH, Hamburg, 2012
Zugl. Hochschule für Oekonomie & Management, Düsseldorf, Deutschland, Bachelorarbeit, April 2012

Bibliografische Information der Deutschen Nationalbibliothek:
Die Deutsche Nationalbibliothek verzeichnet diese Publikation in der Deutschen Nationalbibliografie; detaillierte bibliografische Daten sind im Internet über http://dnb.d-nb.de abrufbar.

Die digitale Ausgabe (eBook-Ausgabe) dieses Titels trägt die ISBN 978-3-86341-726-0 und kann über den Handel oder den Verlag bezogen werden.

I. Inhaltsverzeichnis

I. Inhaltsverzeichnis

II. Abkürzungsverzeichnis

App ——————————————————————Application

ARPAN ——————————————————Advanced Research Projects
Agency Network

Blog ——————————————————————Weblog

BMW ——————————————————————Bayrische Motoren Werk

CEO ——————————————————————Chief Executive Officer

DSL ——————————————————————Digital Subscriber Line

GPS ——————————————————————Global Positiong System

HTML ——————————————————Hypertext Markup Language

RSS ——————————————————————Really Simple Syndication

SMART ——————————————————Specific Measurable
Attainable Realistic Timely

SMS ——————————————————————Short Message Service

UGC ——————————————————————User Generated Content

URL ——————————————————————Uniform Resource Locator

WWW ——————————————————————World Wide Web

III. Abbildungsverzeichnis

IV. Tabellenverzeichnis

1. Einleitung

1.1 Einführung

Heutzutage ist das Internet für viele Menschen kaum noch wegzudenken. Es entwickelt sich zu einem Leitmedium, um die Bedürfnisse der Menschen nach Informationen und Unterhaltung zu befriedigen.[1] Mit der Entwicklung von Social Media begann eine neue Zeitrechnung im Web. Das Netz veränderte sich von einem reinem Informationsmedium hin zum „Mitmachweb" und zur einer Austauschplattform. Es richtet sich nicht mehr nur an den einzelnen, sondern an eine große Gruppe von Menschen. Die soziale Seite prägt nun das Internet.[2] Die Konsumenten von heute treffen ihre Kaufentscheidungen im Netz, indem sie Produkterfahrungen diskutieren oder mit anderen teilen, Bewertungen abgeben oder als Markenbotschafter agieren. Für Unternehmen bietet Social Media somit eine neue Möglichkeit des Marketings an, um ein Produkt oder eine Dienstleistung zu bewerben. Immer mehr Unternehmen finden zunehmend den Weg in die Social Media Welt, damit sie dem Kunden dort begegnen, wo dieser sich aufhält. Social Media Marketing ist kein Selbstläufer, sondern erfordert viel Zeit und einen gewissen Aufwand in der Planung, Durchführung und Betreuung durch ein Unternehmen, um erfolgreich damit zu sein. Die potentiellen Kunden wollen dabei nicht nur mit faden Werbebotschaften überhäuft werden. Durch die Festlegung einer richtigen Strategie, Zielen und Zielgruppen des Social Media Marketing sollte ein Erfolg gewährleistet sein.

1.2 Ziel der Arbeit

Das Ziel der Arbeit ist es einen Überblick über das Thema „Social Media Marketing" zu vermitteln. Dabei wird aufgezeigt, wie ein Unternehmen Social Media Marketing sinnvoll einsetzen kann, um erfolgreich zu sein.

1.3 Aufbau der Arbeit

Die Arbeit beginnt mit einer kurzen Einleitung im ersten Kapitel. Das zweite Kapitel ist der Hauptteil der Ausarbeitung. Das Kapital startet mit den Anfängen des Webs und die Entwicklung des Internets. Daraufhin wird der Begriff Social Media näher

---

[1] Vgl. Hettler, U. (2010), IV
[2] Vgl. Weinberg, T. (2010), XV

durchleuchtet und das Potential und die Entwicklung von Social Media in den letzten Jahren im Web aufgezeigt. Als nächstes wird das Social Media Marketing definiert und es werden die Ziele herausgestellt, die ein Unternehmen mit dem Einsatz vom Social Media Marketing erreichen kann. Im darauffolgenden Abschnitt werden die wichtigsten Social Media Plattformen erläutert und es wird aufgezeigt, wie ein Unternehmen die jeweilige Plattform für das Marketing nutzen kann. Anschließend wird der virale Effekt dargestellt, der im Idealfall auf den Plattformen von Unternehmen erreicht werden soll. Daraufhin folgt die Ausarbeitung einer Strategie für das Social Media Marketing. Weiterhin wird dann das Social Media Monitoring näher beleuchtet und der Stellenwert des Social Media Marketings für ein Unternehmen dargestellt. Zum Schluss des zweiten Kapitels werden die Chancen und Gefahren von Social Media Marketing genannt und es werden zehn Grundsätze für die richtige Kommunikation aufgestellt. Das dritte Kapitel zeigt den erfolgreichen und erfolgslosen Einsatz von Social Media Marketing, anhand von praktischen Unternehmensbeispielen. Im vierten Kapitel wird ein Ausblick auf das Social Media Marketing vermittelt. Die Arbeit endet zum Schluss mit einem Fazit im fünften Kapitel.

2. Social Media Marketing

2.1 Anfänge des Webs

Der Begriff „Web" wird im Alltagsgebrauch mit dem Synonym für das Internet und allen seinen Diensten verwendet. Das Advanced Research Projects Agency Network (ARPAN) ist der Vorläufer des jetzigen Internets. Es wurde im Jahr 1969 vom US-Verteidigungsministerium entwickelt, um die gesamten Rechenressourcen effizient innerhalb eines dezentralen Netzwerkes zu nutzen.[3] Im Jahr 1989 entwickelte der Brite Tim Berner-Lee zusammen mit Robert Cailiau das World Wide Web (WWW) bzw. das Web 1.0. Es war nun möglich von Webseiten Informationen und Daten aufzurufen.[4] Die Massenpopularität setzte erst 1993/1994 mit der ersten Programmierung eines Web-Browsers ein, welcher Internet-Dienste und Ressourcen über eine grafische und benutzerfreundliche Oberfläche dem Nutzer zur Verfügung stellte.[5] Ab 1995 lieferte dann Microsoft seine Betriebssysteme mit einem eigenen Web-Browser „Internet

---

[3] Vgl. Hafner, K., Lyon, M. (1997), S. 14 f.
[4] Vgl. Meinel C., Sack, H. (2009), S. 82 f.
[5] Vgl. Hettler, U. (2010), S. 1

Explorer" aus. Doch das Web 1.0 entwickelt sich weiter, zum sogenannten Web 2.0. Das Web 1.0 konnte hauptsächlich zum Austausch von Daten und Informationen genutzt werden. Webmaster stellten Usern (Internetnutzern) Informationen auf Webseiten zur Verfügung. Hierbei war es aber nicht möglich auf neue Inhalte zu reagieren oder mitzubestimmen.[6] Doch dies ändert sich mit der Weiterentwicklung des Webs zum Web 2.0. Der Begriff Web 2.0 wurde erstmals während einer Konferenz vom Verleger Tim O'Reilly erwähnt. Auf der Konferenz wurde die Veränderung des Internets hin zur Interaktivität und Beteiligung durch User beleuchtet.[7] Das Web 2.0 ermöglicht es den Internetnutzern Inhalte selbst zu erstellen und zu bestimmen. Der User ist nun nicht mehr nur Konsument von Inhalten und Informationen, sondern kann aktiv an der Gestaltung der Inhalte im Web teilnehmen.[8]

Es gibt bis heute keine eindeutige Definition des Web 2.0. Tim O'Reilly schlug daher folgende Definition vor:

„Web 2.0 is the business revolution in the computer industry caused by the move to the internet as platform, as an attempt to understand the rules for success on that new platform. Chief among those rules is this: Build applications that harnes network effects to get better the more people use them. (This is what I've elsewhere called „harnessing collective intellegence")."[9]

Grob übersetzt versteht Tim O'Reilly das Web 2.0 als eine Revolution der Computerindustrie durch den Wandel des Internets in eine Plattform. Dabei existieren Regeln die eingehalten und verstanden werden müssen, um erfolgreich mit der Plattform zu sein. Zentrales Element ist es: Applikationen zu entwickeln, die den Netzwerkeffekt nutzen. Je mehr Menschen eine Applikation anwenden, desto besser. Somit rückt das Web 2.0 den Menschen und sein verändertes Nutzerverhalten hin zu Interaktivität und Beteiligung im Netz in den Vordergrund.

---

[6] Vgl. Holzapfel, F., Holzapfel K. (2010), S. 7 f.

[7] Vgl. Günther, J., Pöld, B., Spath, D. (2010), S. 12

[8] Vgl. Holzapfel, F., Holzapfel K. (2010), S. 10

[9] Vgl. Büttgen, M. (2009), S. 10

2.2 Entwicklung des Internets

In Deutschland sind 46,1 Millionen Menschen Online.[10] Der Anteil der Internetnutzer von 2001 bis 2011 ist stetig gewachsen. 2001 waren 37 Prozent der Deutschen im Internet unterwegs und 2011 stieg die Anzahl der Nutzer auf 74,7 Prozent. Somit hat sich die Nutzerzahl von 2001 bis 2011 mehr als verdoppelt (siehe Abbildung 1 unten).[11]

Abbildung 1: Anteil der Internetnutzer in Deutschland von 2001 bis 2011

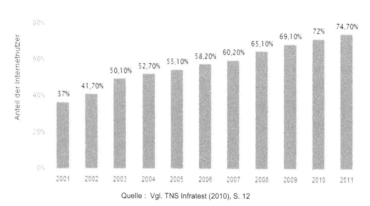

Quelle : Vgl. TNS Infratest (2010), S. 12

Heute wird das Internet nicht mehr nur von Männern dominiert, wie vor einigen Jahren noch. Die Verteilung von Frauen und Männern im Netz ist beinahe ausgeglichen. Der Online-Anteil der Männer beträgt 81 Prozent und der Online-Anteil der Frauen liegt bei 69 Prozent (siehe dazu Abbildung 2 unten).[12]

Abbildung 2: Internetnutzung nach Geschlecht

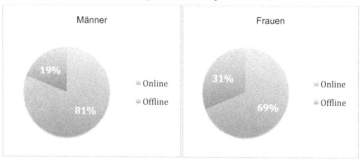

Quelle : Vgl. TNS Infratest (2010), S. 10

---

[10] Vgl. Hoffman, D. (2011), URL: http://www.socialmedia-blog.de/2011/05/social-media-nutzerzahlen-deutschland-2011, Abruf am 08.01.2012
[11] Vgl. TNS Infratest (2010), S. 12
[12] Vgl. TNS Infratest (2010), S. 10

4

Gerade junge Menschen zwischen 14 bis 30 Jahren nutzen das Internet beinahe täglich.[13] Die Beliebtheit des Internets bzw. die steigenden Nutzerzahlen haben folgende Gründe:[14]

- **Steigerung der Datenübertragungsraten**

Ende der 1990er Jahre erfolgt der Zugriff auf das Internet noch über ein analoges Modem mit einer Zugriffsgeschwindigkeit von 56 Kilobit pro Sekunde. Heutzutage nutzen die Haushalte DSL Anschlüsse, die in fast allen Orten in Deutschland zur Verfügung stehen, mit einer Übertragungsrate von mehreren Megabit pro Sekunde.[15] Dadurch ist der Zugriff schneller und komfortabler geworden, es gibt somit kaum noch Wartezeiten bis sich eine Webseite aufbaut.

- **Senkung der Internetkosten**

Neben der schnelleren Geschwindigkeit der Internetanschlüsse ist auch gleichzeitig der Preis für die Nutzung des Webs gesunken. Mussten die Haushalte 2006 noch monatlich 66,91 Euro für einen DSL Anschluss zahlen, gibt es heute Flatrate-Angebote für unter 15 Euro im Monat. Somit kann sich fast jeder Haushalt einen Internetanschluss leisten, wodurch die Internetnutzerzahlen stetig anstiegen.[16]

- **Entwicklung neuer Technologien und Änderung des Nutzerverhaltens**

Durch neue Entwicklungen, wie z.B. höheren Datenübertragungsraten, neuen Webanwendungen oder die Entwicklung vom Internet als reines Informationsmedium zum „Mitmach-Web",[17] ist das Interesse der Menschen am Internet noch weiter gestiegen. Vor allem durch Social Media Anwendungen sind die Nutzerzahlen in den letzten Jahren angestiegen, da der Wunsch nach Kommunikation und der Befriedigung der sozialen Bedürfnisse der Menschen durch Social Media gedeckt wurde. Weitere Motivatoren für die Nutzung von Social Media sind die Wahrnehmung, die Anerkennung, das Knüpfen von neuen oder das Auffrischen von alten Kontakten, die Selbstdarstellung und die Zugehörigkeit zu einer Gemeinschaft im Netz.[18] Social Media gewinnt in diesem Zusammenhang immer mehr an Bedeutung.

---

[13] Vgl. Arbeitsgemeinschaft Online Forschung e.V. (2010), S. 8
[14] Vgl. Hettler, U. (2010), S. 2
[15] Vgl. Hettler, U. (2010), S. 2
[16] Vgl. Hettler, U. (2010), S. 3
[17] Vgl. Szugat, M., Gewehr, J., Lochmann C. (2006), S. 14
[18] Vgl. Mühlenbeck, F., Skibicki, K. (2007), S. 47 f.

2.3 Definition von Social Media

Social Media ist noch ein recht junger Begriff und ist mit der Bezeichnung Web 2.0 eng verknüpft. Es wird auch mit dem Synonym Web 2.0 genutzt. Wie die Abbildung 3 unten zeigt, hat der Begriff Social Media einen regelrechten Boom bei der journalistischen Erwähnung erlebt. Seit Mitte 2007 nimmt die Bezeichnung Web 2.0 an Bedeutung in der Öffentlichkeit ab und wird ab dem Jahr 2010 immer mehr durch den Begriff Social Media ersetzt.[19]

Abbildung 3: Begriff Web 2.0 versus Social Media

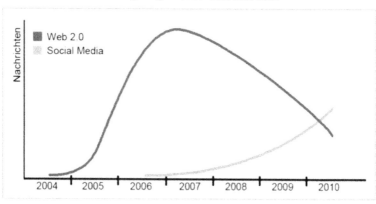

Quelle : Vgl. Social Media Magazin (2010), S.4

Laut A. Kaplan und M. Hänlein hat sich Social Media auf der technischen und ideologischen Grundlage vom Web 2.0 entwickelt.[20] In der Literatur lässt sich keine einheitliche Begriffserklärung bestimmen. Aus diesem Grund wird der Begriff Social Media zuerst in seine Einzelteile zerlegt. Social ist ein englisches Adjektiv für das deutsche Wort sozial. Die Bedeutung des Begriffs sozial lautet: „die Zugehörigkeit des Menschen zur einer verschiedenen Gruppe innerhalb der Gesellschaft".[21] Das Wort Media ist der englische Begriff für Medien und hat folgende Bedeutung: „Trägersysteme zur Informationsvermittlung".[22] Der Gesamtbegriff Social Media wird nach A. Kaplan und M. Hänlein wie folgt definiert: „A group of internet-based applications that build on the ideological and technological foundation of Web 2.0, and

---

[19] Vgl. Socia Media Magazin (2010), S.4
[20] Vgl. Kaplan A., Hänlein, M. (2010), S. 59 f.
[21] Vgl. Duden 1 (2010), URL:http://www.duden.de/rechtschreibung/sozial, Abruf am 06.01.2012
[22] Vgl. Duden 2 (2010), URL:http://www.duden.de/rechtschreibung/Medien_Presse_Rundfunk_ Fernsehen, Abruf am 06.01.2012

that allow the creation and exchange of User Generated Content".[23] Somit ist Social Media ein Konzept, welches den Usern erlaubt sich untereinander auszutauschen und mediale Inhalte für sich selbst oder eine Gemeinschaft zu entwickeln und öffentlich zu machen. Hierbei werden Kommunikationsmittel wie Texte, Bilder, Video- oder Audio-Elemente genutzt. Die eigenständig erstellten Elemente werden auch User Generated Content (UCG) genannt. Beim User Generated Content handelt es sich um Inhalte, die die Nutzer selber erstellen und der breiten Öffentlichkeit im Internet zur Verfügung stellen (z.B. in sozialen Netzwerken).[24] Einen weiteren Definitionansatz von Social Media gibt L. Safko, der die soziale Komponente in den Vordergrund stellt: „Social media refers to activities, practices, and behaviors among communities of people who gather online to share information, knowledge, and opinions using conversational media. Conversational media are web-based applications that make it possible to create and easily transmit content in the form of words, pictures, videos, and audios".[25]

2.4 Entwicklung und Potential von Social Media

Eine Studie der Fernsehanstalten ARD und ZDF verfolgt die Entwicklung des Web 2.0 bzw. Social Media Angebote seit über 5 Jahren in Deutschland.[26] Laut den Ergebnissen der Studie wächst der Anteil der Nutzer von Social Media Anwendungen stetig an (siehe hierzu die Tabelle 1).

Tabelle 1: Web 2.0: Gelegentliche Nutzung 2007 bis 2011

Angaben in Prozent	gelegentlich				
	2007	2008	2009	2010	2011
Wikipedia	47	60	65	73	70
Videoportale (z.B. YouTube)	34	51	52	58	58
Soziale Netzwerke	15	25	34	39	42

Basis: Bis 2009: Deutsche Onlinenutzer ab 14 Jahren (2007: n=1142, 2008: n=1186, 2009: n=1212).
Ab 2010: Deutschsprachige Onlinenutzer ab 14 Jahren (2010: n=1252, 2011: n=1319).

Quelle : Vgl. ARD/ZDF Onlinestudie 2011 (2011), URL:http://www.ard-zdf-onlinestudie.de/index.php?id=307, Abruf am 14.01.2012

---

[23] Vgl. Kaplan, A., Hänlein, M. (2010), S. 61
[24] Vgl. Blank, I. (2009), S. 103
[25] Vgl. Safko, L., Brake, D. (2009), S. 6
[26] Vgl. ARD/ZDF Onlinestudie 2011 (2011), URL:http://www.ard-zdfonlinestudie.de/index.php?id=3 07, Abruf am 14.01.2012

Die beliebteste Plattform ist hierbei Wikipedia. Im Jahr 2010 haben 73 Prozent der Internetnutzer die Onlineenzyklopädie gelegentlich besucht. 2007 waren es nur 47 Prozent, somit ist ein deutlicher Anstieg von 2007 bis 2010 zu erkennen von 26 Prozent. Im Jahr 2011 ist die Nutzung zwar um 3 Prozent gefallen, was aber der Beliebtheit von Wikipedia nicht schadet. Auch die Videoportale nehmen an ihrer Popularität zu, so haben 2011 58 Prozent der Internetnutzer ein Videoportal besucht, das sind 24 Prozent mehr als im Jahr 2007. [27] Bei den sozialen Netzwerken lag der Anstieg von 2007 bis 2011 bei 27 Prozent.

Im internationalen Vergleich liegt Deutschland in der Nutzung des Web 2.0 bzw. von Social Media im Mittelfeld. In der Bundesrepublik nutzen 35 Prozent der Bevölkerung die Angebote von Social Media. In Ländern wie Island und Dänemark nutzen schon über 50 Prozent der Bevölkerung das „Mitmachweb" (siehe Abbildung 4 unten). [28]

Abbildung 4: Social Media Nutzung in Europa - Anteil der Web 2.0 Nutzer in % (2009)

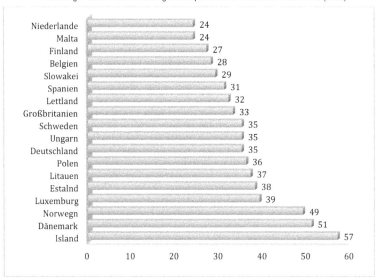

Quelle : Vgl. Bitkom – Bundesverband Informationswirtschaft , Telekommunikation und neue Medien (2009), Web 2.0-Nutzung, URL: http://www.bitkom.org/de/markt_statistik/64018_65230.aspx, Abruf am 14.01.2012

---

[27] Vgl. ARD/ZDF Onlinestudie 2011 (2011), URL:http://www.ard-zdfonlinestudie.de/index.php?id=307, Abruf am 14.01.2012

[28] Vgl. Bitkom – Bundesverband Informationswirtschaft , Telekommunikation und neue Medien (2009), Web 2.0- Nutzung URL: http://www.bitkom.org/de/markt_statistik/64018_65230.aspx, Abruf am 14.01.2012

Aus diesem Grund ist zu erwarten, dass die Zahlen der Nutzung vom Web 2.0 weiterhin ansteigen werden und sich zukünftig noch mehr Menschen an Social Media Anwendungen beteiligen werden. Mittlerweile erkennen auch Unternehmen die rasante Entwicklung und das Potential von Social Media zur Vermarktung von Produkten oder Dienstleistungen. 97,4 Prozent der deutschen Online-Nuzter haben sich mindestens einmal im Internet über Produkte oder Dienstleistungen informiert.[29] Beliebteste Produkte hierbei sind:

- Bücher
- Urlaubsreisen
- Eintrittskarten
- Elektronik

Im letzten Jahr haben 42,7 Millionen der deutschen Bevölkerung schon mal etwas im Internet gekauft.[30] Beim Online-Kauf wie auch Offline-Kauf sind vor allem Meinungen und Bewertungen von anderen Käufern entscheidend für den Kauf oder Nicht-Kauf. Die Meinungen und Bewertungen werden heute als User Generated Content (UGC) in Social Media Anwendungen publiziert, wo sich User untereinander über ihre Erfahrungen mit einem Produkt oder dem Service eines Unternehmens austauschen. Im Social Web ist der Kunde nicht nur mehr Käufer, sondern auch freiwilliger Botschafter für ein Produkt oder ein Unternehmen.[31] Der Kunde kann nämlich nun die Wahrnehmung und das Kaufverhalten der anderen Käufer beeinflussen. Social Media bietet dem Kunden diese neue Macht. Denn der Konsument von heute vertraut engen Freunden oder Online-Konsumentenbewertungen mehr, als der klassischen Werbung.[32] Unternehmen sollten diese Entwicklung für sich selbst nutzen und Social Media Anwendungen im Marketing Bereich einbauen, damit das Unternehmen auch in der Zukunft erfolgreich ist und wettbewerbsfähig bleibt.

---

[29] Vgl. Grabs, A., Bannour, K. (2011), S. 40
[30] Vgl. Grabs, A., Bannour, K. (2011), S. 40
[31] Vgl. Grabs, A., Bannour, K. (2011), S. 25
[32] Vgl. Grabs, A., Bannour, K. (2011), S. 24

Abbildung 5: Prognose zu den Werbeausgaben für Social Media in den USA von 2008 bis 2014 (in Millionen von US-Dollar)

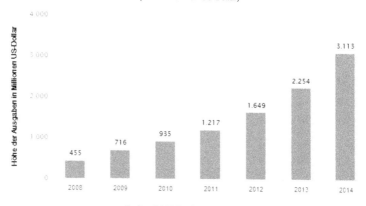

Quelle : Vgl. TNS Infratest (2010), S. 12

In den USA haben Unternehmen das Werbepotential von Social Media erkannt. Die Abbildung 5 veranschaulicht die Werbeausausgaben für Social Media in den USA. Von 2008 bis 2011 haben sich die Ausgaben von 455 Millionen US-Dollar auf fast das 3-fache nämlich auf 1217 Millionen US-Dollar erhöht. Bis 2014 werden sich die Werbeausgaben schätzungsweise auf 3113 Millionen US-Dollar erhöhen. Auch in Deutschland haben die großen Unternehmen diesen Trend erkannt und beginnen Social Media für sich selbst zu nutzen.

2.5 Definition von Social Media Marketing

Social Media Marketing ist eine Form des Online-Marketings. Die herkömmlichen Massenmedien wie Print, Funk und TV erreichen heutzutage immer weniger die Menschen mit ihren Werbebotschaften.[33] Sie sind einfach zu eindimensional und stoßen an ihre Grenzen, denn die Verbraucher möchten vorzugsweise ihre Informationen interaktiv suchen.[34] Es werden z.B. Spots im Fernsehen von vielen Zuschauern einfach ignoriert, indem bei der Einblendung von Werbung umgeschaltet wird oder der Fernseher stumm geschaltet wird. Auch die klassische Online-Werbung wird heute von den Verbrauchern kaum noch wahrgenommen. Der typische Werbebanner, der oben mittig platziert wird, wird heute einfach unbewusst und automatisch von Internetusern

---

[33] Vgl. Hettler, U. (2010), S. 30
[34] Vgl. Grabs, A., Bannour, K. (2011), S. 35

10

ausgeblendet.[35] Auch Popup-Werbung, wo sich ein Fenster mit einer Werbebotschaft im Browser automatisch für einen kurzen Zeitpunkt öffnet, wird von der Mehrheit der User einfach ignoriert oder über einen Popup-Blocker ausgeschaltet.[36]

Social Media Marketing eröffnet Unternehmen einen neuen Marketing-Weg. Sie können nun in Social Media Anwendungen für ihre Webseite, Produkte, Dienstleistungen oder ihren Service werben. Somit erreichen sie Kunden, die sie über traditionelle Werbekanäle nur schwer oder gar nicht erreichen würden.[37] Somit ist Social Media Marketing eine Form des Marketings, welche darauf abzielt eigene Vermarktungsziele durch die Nutzung und Beteiligung an Austausch- und Kommunikationsprozessen im Netz, mittels Applikationen und Technologien, zu erreichen.[38] Im Zentrum von Social Media Marketing liegt dabei die Kommunikation mit der relevanten Community. Eine Community ist eine Gruppe von Personen, die aufgrund gleicher oder ähnlicher Interessen zusammenfinden und untereinander darüber diskutieren.[39] Social Media Marketing soll diese Zielgruppe durch soziale Medien so beeinflussen, dass eine gewünschte Handlung erfolgt, wie z.B. ein Kaufentschluss oder eine Weiterempfehlung.[40] Unternehmen sollten auf den User Generated Content der Communities achten und angemessen darauf reagieren. Dabei kann das Unternehmen selbst den Grad ihres Involvements bestimmen. Hierbei stehen folgende vier verschiedene Möglichkeiten zur Verfügung:[41]

Proaktiv – Die Unternehmen handeln ohne einen Zwang, handeln zu müssen. Sie handeln aus freien Stücken.

Reaktiv – Die Unternehmen handeln, da sie auf etwas reagieren müssen.

Passiv - Die Unternehmen beschäftigen sich mit dem Thema Social Media, sind aber selbst gar nicht aktiv.

Keine – Social Media wird von Unternehmen komplett ignoriert und es wird auch dann nicht reagiert, wenn negative Schlagzeilen oder Bewertungen auftauchen.

---

[35] Vgl. Münz, S. (2005), S. 36
[36] Vgl. Hettler, U. (2010), S. 31
[37] Vgl. Weinberg, T. (2010), S. 4
[38] Vgl. Hettler, U. (2010), S. 38
[39] Vgl. Franke, S., Schmiegelow, A., Ditges, H., Griffel, S., Mayer-Uellner, R., Wappmann, M., Ratzke, J. (2009), S. 95
[40] Vgl. Hettler, U. (2010), S. 38
[41] Vgl. Graf, D. (2009), S. 5

Das Social Media Marketing gehört zur Basis des Marketing-Mix eines Unternehmens.[42] Social Media Tools können im Produktprozess, als Instrument der Marktforschung, für den Vertrieb und in der Kommunikation der Marke eingesetzt werden.[43]

2.6 Ziele des Social Media Marketing

Bei den Social Media Marketing Zielen müssen die Unternehmensziele als oberstes Leitmotiv verstanden werden, die durch die Marketingziele erreicht werden. Die Social Media Marketing Ziele sind daher als Teilziel des Marketings zu betrachten (siehe hierzu Abbildung 6).[44] Es kann entweder ein Ziel oder mehrere Ziele verfolgt werden, dies hängt von der strategischen Planung des Unternehmens ab.[45] Es werden nun einige Social Media Marketing Ziele vorgestellt: Die Erhöhung des Traffics bzw. der Zugriffszahlen auf einer Webseite ist ein mögliches Ziel. Eine Erhöhung der Zugriffszahlen bedeutet, dass die Bekanntheit eines Produktes oder einer Marke steigt und somit gleichzeitig das Suchmaschinen-Ranking verbessert wird. Denn auf längerer Sicht ist es für ein Unternehmen erstrebenswert die Markenbekanntheit zu steigern, da so eine große Community bzw. Zielgruppe eine positive Ansicht von der Marke oder dem Produkt hat und so eher bereit ist das Unternehmen in Internet-Diskussionen weiterzuempfehlen z.B. durch selbsterstellte Beiträge oder Links.[46] Somit erspart Social Media Marketing den Einsatz eines teuren Link-Building Experten, der versucht durch Linksetzung im Netz den Traffic zu erhöhen, um ein besseres Suchmaschinen-Ranking zu erhalten. Denn die Nutzer von

Abbildung 6: Zielabbildung vom Social Media Marketing

Quelle: Vgl. Schumann M., Anger, I., URL: www.evolaris.net/ download-guide-social-media/, Abruf am 21.01.2012, S. 7

---

[42] Vgl. Zarella, D. (2010), S. 223
[43] Vgl. Grabs, A., Bannour, K. (2011), S. 38
[44] Vgl. Schumann M., Anger, I.: Guide to Mobile Social Media Marketing, URL: www.evolaris.net/ download-guide-social-media/, Abruf am 21.01.2012, S. 7
[45] Vgl. Weinberg, T. (2010), S. 6
[46] Vgl. Weinberg, T. (2010), S. 6

Social Media Anwendungen erstellen selbstständig und kostenlos Werbung für das Unternehmen, wenn sie Inhalte zur Marke oder zum Produkt an andere in ihrer Community weiterleiten.

Weitere Ziele des Social Media Marketing sind:[47]

o Das Markenbewusstsein bei den Verbrauchern steigern

o Enge Beziehungen aufzubauen zu relevanten Communities durch die Erzielung eines positiven digitalen Eindrucks

o Schaffung von Verständnis, Vertrauen und Glaubhaftigkeit

o Aufbau von Emotionen wie z.B. Sympathie oder Verlässlichkeit

o Werbung für die eigenen Produkte und Dienstleistungen

o Verbesserung des Kundenservice

o Führsprecher und Unterstützer des Unternehmens für eine eigene Fan-Community gewinnen

All diese oben genannten Ziele sollen dazu beitragen, das die Marketing Oberziele erreicht werden, wie:[48]

o Gewinnung von Neukunden

o Steigerung der Loyalität und Kundenbindung

o Produkt- und Leistungsverbesserung durch Reputationen der Community (bessere Marktforschung)

o Höhere Verkaufszahlen

Letztendlich sollen all die genannten Ziele dazu führen, dass der Umsatz des Unternehmens gesteigert wird und ein ökonomischer Erfolg erreicht wird (was nichts anderes bedeutet als die Erreichung des obersten Unternehmensziels).[49]

---

[47] Vgl. Matula, T. (2011), S. 21 ff.
[48] Vgl. Hettler, U. (2010), S. 151
[49] Vgl. Hettler, U. (2010), S. 151

2.7 Social Media Plattformen

Es gibt mittlerweile eine so große Anzahl von Social Media Plattformen, dass diese kaum noch zu überblicken sind. In der Abbildung 7 lässt sich erkennen, dass die Social Media Welt in Teilbereiche wie z.B. Social Networks unterteilt sind, die sich auf spezielle Angebote ausrichten. Zu jedem Teilbereich gibt es heute mehrere Dienste (mehr als in Abbildung 7 aufgezeigt), die versuchen Nutzer für sich zu gewinnen.[50]

Abbildung 7: Das Social Media Prisma

Quelle : Vgl. Hilker, C. (2010), S. 23

In dieser Arbeit werden nur die wichtigsten Plattformen bzw. Anbieter dargestellt, da der größte Anteil der Anbieter wegen ihrer geringen Größe, Bekanntheit und Anzahl von Mitgliedern für das Social Media Marketing nicht sinnvoll und relevant sind. Die vorgestellten Social Media Plattformen sind die Social Networks, die Weblogs, die Multimedia Plattformen, die Wikis, die Social News, das Social Bookmarking und die Bewertungsportale.

---

[50] Vgl. Hilker, C. (2010), S. 23

2.7.1 Social Networks

Social Networks bedeutet auf deutsch übersetzt soziale Netzwerke. Sie gehören zu den beliebtesten Webseiten im Internet. Der Begriff „Social Network" wird in der Betriebswirtschaftslehre, Soziologie und Informatik verwendet.[51] Netzwerke sind „spezifische Mengen von Verbindungen zwischen sozialen Akteuren."[52] Somit ist ein Soziales Netzwerk ein Beziehungsgeflecht, welches Menschen mit anderen Menschen verbindet.[53] In sozialen Netzwerken können Nutzer sich ein eigenes individuelles Profil erstellen und sich mit Freunden, Bekannten, Familienangehörigen, Geschäftspartnern und Unbekannten vernetzen. Weiterhin können sie eigene Inhalte wie Fotos, Videos oder Beiträge (User Generated Content) erstellen und mit Teilnehmern des Netzwerkes teilen.[54] Die Profile können jederzeit vom Nutzer abgeändert werden und liegen in dessen Kontrolle, so entscheiden sie bspw. welcher Inhalt den Freunden angezeigt werden soll und welcher nicht.[55] In Deutschland gehört Facebook zu den beliebtesten Social Network Anbietern, gefolgt von den VZ-Netzwerken (wie SchülerVZ, StudiVZ und MeinVZ), Wer-kennt-wenn und MySpace. Abbildung 8 zeigt die Anzahl der Besucher der sozialen Netzwerke in Deutschland für den Zeitraum März 2010. Unternehmen können Social Networks für ihre Marketing Aktivitäten nutzen[56] und dabei zielgruppenspezifisch werben („targetting").[57] Es werden nun in den darauffolgenden Kapiteln die drei bekanntesten Social Network Anbieter durchleuchtet: Facebook, VZ-Netzwerke und MySpace.

Abbildung 8: Besucher sozialer Netzwerke

in Deutschland im März 2010 (in Millionen)		Veränderung zu März 2009
Facebook	15,0	291%
SchülerVZ	9,3	2%
Wer-kennt-wen	7,5	27%
StudiVZ	6,2	-1%
MeinVZ	5,9	30%
MySpace	5,1	-4%
Stayfriends	4,7	49%
Jappy	3,7	33%
Twitter	2,9	494%
Xing	2,5	73%
Lokalisten	1,8	-19%

Quelle : Vgl. Hilker, C. (2010), S. 23

---

[51] Vgl. Lehner, F. (2009), S. 100
[52] Vgl. Weyer, J. (2000), S. 10
[53] Vgl. Aßmann, J. (2010), S. 23
[54] Vgl. Weinberg, T. (2010), S. 10
[55] Vgl. Weinberg, T. (2010), S. 168
[56] Vgl. Walsh, G., Hass, H., Kilian T. (2008), S. 31
[57] Vgl. Walsh, G., Hass, H., Kilian T. (2008), S. 177

2.7.1.1 Facebook

Facebook ist die weltweit größte und beliebteste Social Media Plattform und wird in 74 Sprachen angeboten. Es werden nun in den nächsten Abschnitten die Geschichte und einige beeindruckende Zahlen von Facebook lakonisch vorgestellt und aufgezeigt wie ein Unternehmen Facebook für das Marketing nutzen kann.

2.7.1.1.1 Geschichte und Zahlen von Facebook

Der Gründer von Facebook ist Marc Zuckerberg, mit seinen Co-Gründern Dustin Moskwitz und Chris Hughes. Facebook begann im Februar 2004 als College-Netzwerk, welches zuerst nur die Harvard Studenten miteinander vernetzte. Nach kürzester Zeit verbreite sich das Netzwerk von einer Universität zur anderen. Bereits im Dezember 2004 hatte die Facebook-Community schon eine Million Mitglieder.[58] Im September 2006 wurde Facebook schließlich für die Allgemeinheit zugänglich gemacht. Von diesem Zeitpunkt an explodierten die Nutzerzahlen auf der ganzen Welt.[59] Heute im Jahr 2012 nutzen über 800 Millionen Menschen Facebook aktiv, davon loggen sich 50 Prozent täglich ein. Es werden 4.000 Millionen Inhalte pro Tag mit anderen Nutzern auf Facebook geteilt und 10.000 Webseiten integrieren Facebook täglich und diese Zahlen steigen weiterhin an.[60] Frauen und Männer nutzen Facebook beinahe ausgeglichen. Vor allem die jüngere Generation zwischen 14 bis 34 Jahren ist die aktivste Altersgruppe auf Facebook.

Alle diese beeindruckenden Fakten zeigen auf, welchen Stellenwert Facebook im Internet hat und welches Marketing-Potential für Unternehmen dahintersteckt.

2.7.1.1.2 Facebook Marketing Möglichkeiten

Facebook hat eine große Vielfalt von Werbemöglichkeiten und besitzt das größte Potential im Social Media Marketing Bereich für ein Unternehmen.[61] Auf Facebook können Unternehmen ein Unternehmensprofil, auch „Fanpage" genannt, erstellen. Diese Fanpages können kostenlos angelegt und verwaltet werden, somit sind sie bei den

---

[58] Vgl. Schillinger, R. (2010), S. 29
[59] Vgl. Schulz, T. (2010), S. 102 ff.
[60] Vgl. Roth, P. (2012): Infografik: Facebook 2012 – Nutzerzahlen & Fakten, URL: http://allfacebook.de /zahlen_fakten/infografik-facebook-2012-nutzerzahlen-fakten, Abruf am 21.01.2012
[61] Vgl. Walsh, G., Hass, H., Kilian T. (2008), S. 108 f.

Fachleuten des Marketings eines der beliebtesten Tools von Facebook.[62] Facebook-Nutzer, die sich für ein Unternehmen interessieren, können sich mit dem „Gefällt mir" Button mit diesem verbinden. Sie erhalten dann aktuelle Statusmeldungen rund um dieses Unternehmen und deren Produkte.[63] Die Facebook Fanpage ermöglicht es so dem Unternehmen mit den Millionen von Mitgliedern des Social Networks zu kommunizieren und ein Produkt oder eine bestimmte Marke auf eine unkomplizierte und schnelle Weise bekannt zu machen.[64] Weiterhin können Unternehmen Fans aktiv in die Produktgestaltung und –entwicklung einbinden, indem sie z. B. neue Ideen durch Umfragen auf ihrer Facebook-Seite bewerten lassen oder neue Produktideen vorstellen und die Fans darüber diskutieren lassen.[65] So kann auch gleichzeitig Marktforschung betrieben werden, da anhand der Diskussionen abgeleitet werden kann, ob ein neues Produkt den Vorstellungen der Zielgruppe entspricht. Um die Facebook Seite des Unternehmens unter den Mitgliedern der Community zu verbreiten, kann ein Unternehmen neben den natürlichen Kanälen, wie den Firmen-Newsletter oder das Einfügen des Facebook-Links auf der Firmenwebseite, auch andere Anreize nutzen. Der Elektronikversandhandel *Conrad* lockte Mitglieder von Facebook, Fans von ihrer Fanpage zu werden, indem sie den Nutzern ermöglichten an einem Gewinnspiel für hochwertige Elektronik teilzunehmen, wenn diese Fans des Unternehmensprofils wurden. Für das Branding eines Unternehmens sind individuell gestaltete Anwendungen von Bedeutung, um sich von den Profilen der Konkurrenz abzuheben. Facebook-Anwendungen, oder auch kurz Apps genannt, sind Programme, die es ermöglichen das Profil mit zusätzlichen Funktionen zu erweitern; z. B. kleine Online-Spiele.[66] Durch diese Anwendungen kann ein Unternehmen das Interesse und die Interaktivität des Kunden ausbauen. Weiterhin wird die Emotionalität zur Marke erhöht, was wiederum ein positives Image verschafft. Hier nun ein kleines Beispiel wie ein Unternehmen versucht sich durch eine Anwendung von Mitbewerbern abzuheben und eine Identifikation mit der Marke zu schaffen:

---

[62] Vgl. Weinberg, T. (2010), S. 172
[63] Vgl. Hilker, C. (2010), S. 34
[64] Vgl. Ambühl, R. (2011), S. 18 f.
[65] Vgl. Ambühl, R. (2011), S. 25
[66] Vgl. Zarella, D. (2010), S. 63

Beispiel Kinder Riegel:

Auf der Facebook Seite von „Kinder Riegel" können Fans der Seite ihren Freunden oder Bekannten einen „virtuellen Riegel" schenken bzw. auf die Pinnwand posten (siehe Abbildung 9). Hierdurch wird dem Kunden das Produkt näher gebracht und es werden gleichzeitig andere Mitglieder auf den Riegel aufmerksam gemacht bzw. das Interesse durch die Anwendung geweckt.[67]

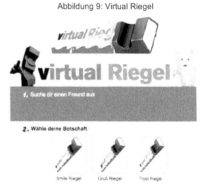

Abbildung 9: Virtual Riegel

Quelle: Vgl. Kinder Riegel (2012), Virtual Riegel, URL: http://apps.facebook.com/virtualriegel/, Abruf am 24.01.2012

Viele Unternehmen nutzen die Fanpages auf Facebook bereits sehr erfolgreich für ihre Marketing Zwecke. Die Facebook-Seite von Coca Cola erfasst heute schon 37.540.976 Fans[68] und die Seite von Starbucks 27.354.425 Fans.[69] Diese beiden Unternehmen gehören zu den erfolgreichsten Fanpages auf Facebook. Deutsche Unternehmen haben noch nicht so viele Fans, z.b. Porsche mit 2.305.362 Fans[70] oder BMW mit 7.327.205 Fans,[71] doch die Zahlen steigen relativ stark an.[72] Neben den kostenlosen Marketing-Möglichkeiten bietet Facebook den Unternehmen personenbezogene, zielgruppenspezifische und kostenpflichtige Werbeanzeigen an.[73] Facebook finanziert sich bislang durch die Einnahmen der Werbeanzeigen (auch Ads genannt) und ist die größte Reklameplattform im Internet vor Yahoo.com.[74] Grundsätzlich lassen sich zwei Arten von Werbeanzeigen unterscheiden: die Rest-of-Site Ads und die Homepage Ads.

---

[67] Vgl. Kinder Riegel (2012), Virtual Riegel, URL: http://apps.facebook.com/virtualriegel/, Abruf am 24.01.2012

[68] Vgl. Coca Cola (2012), URL: http://www.facebook.com/cocacola, Abruf am 25.01.2012

[69] Vgl. Starbucks (2012), URL: http://www.facebook.com/Starbucks, Abruf am 25.01.2012

[70] Vgl. Porsche (2012), URL: http://www.facebook.com/porsche, Abruf am 25.01.2012

[71] Vgl. BMW (2012), URL: http://www.facebook.com/BMW, Abruf am 25.01.2012

[72] Vgl. Hettler, U. (2010), S. 203

[73] Vgl. Bender, G. (2008), S. 177

[74] Vgl. Roth, P. (2012), Facebook Werbepreise und Nutzerzahlen in Europa (Whitepaper), URL: http://allfacebook.de/ads/facebook-werbepreise-und-nutzerzahlen-in-europa-whitepaper, Abruf am 25.01.2012

Die Homepage Ads werden direkt auf der Startseite des Nutzers angezeigt und die Rest-of-Site Ads werden in einem Anzeigebereich auf allen sonstigen Seiten rechts in der Profilseite des Facebook-Nutzers wiedergegeben (siehe Abbildung 10). Die Werbeanzeigen können an die jeweilige Zielgruppe des Unternehmens durch einen Zielgruppenfilter, z.B. anhand des Geschlechtes, Alters, Familienstand und Wohnort, angepasst werden. [75] Somit erhalten Mitglieder von Facebook nur zugeschnittene Werbung. Die Anzeigen bestehen immer aus einem Text und einem Medieninhalt (Bild oder Video zum Produkt).

Abbildung 10:
Facebook-Werbeanzeige von Lidl

Quelle: Vgl. URL:http://www.facebook.de, Abruf am
25.01.2012

2.7.1.2 VZ-Netzwerk

Das VZ-Netzwerk wurde im Jahr 2005 in Deutschland gegründet als StudiVZ (die Abkürzung für das Studenten Verzeichnis) und hat seinen Ursprung als Studenten-Netzwerk.[76] Das VZ-Netzwerk ähnelt dem Facebook-Netzwerk. Die Nutzer können sich hier ebenfalls ein Profil mit ihren Daten anlegen und sich mit Freunden vernetzen. Zudem können Sie Inhalte auf ihrem Profil erstellen, die entweder nur Freunde oder jedermann sehen kann. Es gibt außerdem die Möglichkeit Gruppen zu gründen oder beizutreten und interaktive Anwendungen (Apps) zu nutzen. Seit der Gründung stiegen die Zahlen der Mitglieder sukzessive an. Aus diesem Grund wurde neben dem StudiVZ noch SchülerVZ und MeinVZ gegründet, um den Nicht-Studenten eine Plattform anzubieten. Später wurden diese drei Plattformen miteinander verbunden zu einem VZ-Netzwerk. Unternehmen können das VZ-Netzwerk für ihre Marketing Zwecke nutzen und so die jungen Menschen in Deutschland erreichen.[77] Auf den VZ-Netzwerken ist es möglich ein sogenanntes „Brandprofil"[78] oder auch „Edelprofil" und "Edelgruppe"[79] zu

---

[75] Vgl. Weinberg, T. (2010), S. 177

[76] Vgl. Zarella, D. (2010), S. 81

[77] Vgl. VZ 2 (2012), VZ-Netzwerke für Deutschland, URL: http://static.pe.studivz.net/media/de/sales/VZ.geschaeftlich/Mediadaten_190112.pdf , Abruf am 25.01.2012, S. 8

[78] Vgl. VZ 1 (2012), Social Media Advertising, URL:http://static.pe.studivz.net/media/de/sales/VZ geschaeftlich/Factsheet_Brand_Profile_100311b.pdf, Abruf am 25.01.2012

[79] Vgl. Zarella, D. (2010), S. 82

erstellen, womit Unternehmen ihre Produkte oder ihre Marke vorstellen können. Diese Profile sind für ein Unternehmen kostenpflichtig und können in ihrem Umfang zusätzlich erweitert werden, z.B. durch weitere Medien und Anwendungen. Zusätzlich bietet das VZ-Netzwerk noch einen Moderationsservice an.[80] Bei diesem Service wird eine aktive Moderation von VZ-Experten anhand von Kommunikationsvorgaben des Unternehmens durchgeführt und auf Diskussionen geachtet (vor allem bei negativen Beiträgen). Außerdem ist es Unternehmen möglich mit Werbebannern auf zielgruppenspezifischen VZ-Mitgliederprofilen zu werben. Dabei stehen folgende Kernzielgruppen zur Verfügung: Beim StudiVZ sind die Kernzielgruppen Studenten von 18 bis 29 Jahren.[81] Beim SchülerVZ gehören zur Zielgruppe Schüler und Berufsschüler zwischen 10 bis 19 Jahren[82] und MeinVZ richtet sich an Young Professionals von 20 bis 39 Jahren.[83]

2.7.1.3 MySpace

MySpace gilt als eines der ersten Social Networks und ist die weltweite Nummer zwei der Networks. Der Schwerpunkt von MySpace liegt in der Präsentation von Musikstücken. Anfangs nutzten ausschließlich nur Musiker das Portal, um sich untereinander kennen zu lernen und auszutauschen. Doch MySpace wurde nicht nur für die Musikszene entwickelt, sondern es nutzen heute auch Privatpersonen die Plattform. Das besondere an MySpace ist, dass sich Mitglieder des Netzwerkes ihr Profil individuell gestalten können, d.h. Grafiken, Design, Farben usw. ändern.[84] Für die Marketingzwecke eines Unternehmens ist das Portal weniger reizvoll, da sich die Nutzerzahlen in den letzten Jahren im Vergleich zu Facebook weniger entwickelt haben (siehe Abschnitt 2.7.1.1.1 Geschichte und Zahlen von Facebook).[85] Für das Vermarkten von Produkten oder Dienstleistungen im Bereich „Musik" ist MySpace hingegen das führende Medium.[86] Hier kann z.B. Werbung für Veranstaltungen von Bands gemacht

---

[80] Vgl. Zarella, D. (2010), S. 82

[81] Vgl. VZ 2 (2012), VZ-Netzwerke für Deutschland, URL: http://static.pe.studivz.net/media/de/sales/VZgeschaeftlich/Mediadaten_190112.pdf , Abruf am 25.01.2012, S. 7

[82] Vgl. VZ 2 (2012), VZ-Netzwerke für Deutschland, URL: http://static.pe.studivz.net/media/de/sales/VZgeschaeftlich/Mediadaten_190112.pdf , Abruf am 25.01.2012, S. 6

[83] Vgl. VZ 2 (2012), VZ-Netzwerke für Deutschland, URL: http://static.pe.studivz.net/media/de/sales/VZgeschaeftlich/Mediadaten_190112.pdf , Abruf am 25.01.2012, S. 8

[84] Vgl. Zarella, D. (2010), S. 87

[85] Vgl. Weinberg, T. (2010), S. 187

[86] Vgl. Weinberg, T. (2010), S. 187

bzw. geschaltet werden oder für Neuerscheinungen geworben werden. Facebook hat MySpace allerdings mit seinen Funktionen und seiner Anzahl von Mitgliedern mittlerweile eindeutig überholt und ist für das Marketing im Social Network Bereich am besten geeignet.

2.7.2 Weblogs

Der Begriff Weblog (auch Blog genannt) lässt sich in zwei Begriffe zerlegen einmal das „web", welches für das Internet steht, und „log", welches als Kurzform vom Tagebuch oder als Logbuch übersetzt werden kann.[87] Somit sind Blogs eine Art Tagebuch im Internet. Sie werden als Beiträge von Bloggern auf einer Webseite erstellt, die regelmäßig aktualisiert und chronologisch sortiert ist, beginnend mit dem neusten Beitrag. Die Beiträge können von nur einem Blogger oder mehreren Bloggern erstellt werden und beschäftigen sich dabei mit allen denkbaren Themen. Die Leser des Blogs haben die Möglichkeit den Beitrag zu kommentieren oder per Link an Freunde weiterzuleiten.[88] Der Weblog Beitrag besteht meist aus den folgenden Elementen:[89]

- Einer prägnanten Überschrift

- Einem Text mit Erstellungsdatum

- Einem Kommentarfeld in dem Leser den Beitrag kommentieren können und andere Kommentare lesen können

- Kategorien oder auch „Tags" genannt, um den Beitrag klassifizieren zu können

- Einem Kalender, damit auch ältere Beiträge ausgewählt und gelesen werden können.

Mittlerweile gibt es Blogs schon seit über zehn Jahren. Alleine in den Vereinigten Staaten haben die Weblogs zwischen 77,7 und 94,1 Millionen Besucher, was 50 Prozent der Internetnutzer des Landes ausmacht.[90] Es werden zwei Arten von Weblogs unterschieden erstens die Microblogs und zweitens die Corporate Blogs. Diese beiden Varianten werden in den folgenden Kapiteln näher erläutert und der Nutzen für Marketingzwecke eines Unternehmens aufgezeigt.

---

[87] Vgl. Hettler, U. (2010), S. 43
[88] Vgl. Bernet, M. (2010), S. 108
[89] Vgl. Raabe, A. (2007), S. 23
[90] Vgl. Weinberg, T. (2010), S. 98

2.7.2.1 Microblogs am Beispiel von Twitter

Der Microblog ist die weitverbreitetste Form des Weblogs. Die Funktionsweise des Microblogs wird anhand von „Twitter", der größten und bekanntesten Plattform näher erläutert. Der Begriff „Twitter" kann mit den Worten „Gezwitscher" oder „Geschnatter" übersetzt werden und ist als Kurznachrichtendienst zu verstehen.[91] Twitter ähnelt einer SMS (Short Message Service) auf dem Handy. Die Nachrichten, die sogenannten „Tweets", sind auf 140 Zeichen begrenzt, wie bei einer SMS.[92] Der Unterschied zu einer SMS ist dabei, dass der Sender keinen Empfänger auswählen muss, da die Tweets an Interessenten des Twitter-Accounts, auch „Follower" genannt, gesendet werden. Die Beiträge können von Followern kommentiert und wiederum an ihre Follower weitergeleitet werden, was auch „ReTweet" genannt wird.[93] Je mehr Follower ein Absender hat, umso leichter und schneller wird eine riesige Menge von Menschen erreicht.[94] Twitter besitzt 145 Millionen Nutzer weltweit, die täglich ca. 90 Millionen Tweets verschicken. In Deutschland sind 3 Millionen Nutzer bei Twitter angemeldet.[95] Die Mitgliederzahl und Beliebtheit vom Twitter-Dienst wächst stetig an, da auch viele Prominente wie z.B. der Präsident der Vereinigten Staaten Barack Obama twittert. Twitter wird heute zudem als Quelle für Weltnachrichten genutzt. Beim Terrorangriff in Mumbai im Jahr 2008, wurde zuerst von Augenzeugen vom Angriff bei Twitter berichtet, bevor die traditionellen Nachrichtendienste davon erfuhren.[96] Das zeigt den Stellenwert von Twitter in der heutigen Zeit. Es wird aber nicht nur für Sensationsnachrichten genutzt, sondern es kann auch für das Marketing eines Unternehmens genutzt werden. Unternehmen können sich einen Twitter-Account erstellen, der ein hervorragender Kanal zur schnellen Verbreitung von Informationen über ein Unternehmen oder dessen Produkte und Marken ist.[97] Weiterhin kann auf Twitter auf Events des Unternehmens aufmerksam gemacht werden. Zusätzlich zur Werbung von Produkten oder Dienstleistungen kann Twitter auch als Kundenservice-Tool genutzt werden. Dabei können Kunden Fragen zu Produkten stellen und sie erhalten daraufhin eine direkt schnelle Antwort, im Gegensatz zu herkömmlichen

---

[91] Vgl. Hettler, U. (2010), S. 46
[92] Vgl. O´Reilly, T., Milstein, S. (2009), S. 7
[93] Vgl. Hilker, C. (2010), S. 38
[94] Vgl. Hunnehens, W. (2010), S. 60
[95] Vgl. Heymann-Reder, D. (2011), S. 127
[96] Vgl. Weinberg, T. (2010), S. 143
[97] Vgl. Hettler, U. (2010), S. 189

Servicetools. Dies erhöht die Kundenbindung und den Service des Unternehmens. Weiterhin können Tweets von Konkurrenten zur Wettbewerbsforschung über neuste Entwicklungen genutzt werden.[98] Aus diesen Gründen ist Twitter eine wichtige Social Media Marketing Plattform für Unternehmen geworden, da sie kostenlos und mit wenig Aufwand betrieben werden kann. Auch die deutschen Unternehmen setzen verstärkt auf Twitter, wie die Lufthansa,[99] die über Störungsfälle und Flugangebote über ihren Kanal informieren (siehe Abbildung 11 als Bespiel für einen Unternehmenstwitter-Account und Kapitel 3.2).

Abbildung 11: Lufhansa Twitter-Account

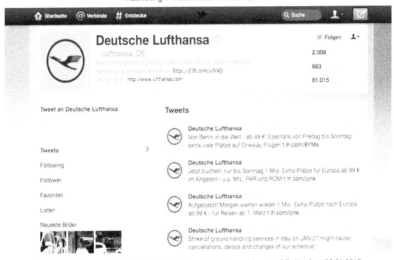

Quelle: Vgl. Lufthansa Twitter (2012), URL: https://twitter.com/#!/Lufthansa_DE, Abruf am 28.01.2012

2.7.2.2 Corporate-Blogs

Die Corporate-Blogs sind öffentliche Blogs von Unternehmen. Sie dienen dazu die Unternehmensziele zu unterstützen. Hierbei gibt es verschiedene Arten und Möglichkeiten für den Einsatz von Corporate-Blogs:

Produkt/Marken-Blog: In den Produkt/Marken-Blogs können Unternehmen Informationen zu Produkten und Dienstleistungen bereitstellen. Sie bieten sich bei

---

[98] Vgl. Hilker, C. (2010), S. 38
[99] Vgl. Lufthansa Twitter (2012), URL: https://twitter.com/#!/Lufthansa_DE, Abruf am 28.01.2012

Kunden an, die das Internet regelmäßig aktiv nutzen, um so einen Kaufanreiz zu schaffen.[100]

CEO-Blog: Von den Topmanagern wird heute verlangt, dass sie „schnell direkt, dialogorientiert, authentisch und reichweitenstark kommunizieren."[101] Der CEO-Blog kann daher von Führungskräften eines Unternehmens genutzt werden, um diesen Anforderungen gerecht zu werden. Es können z.b. Unternehmensthemen gebloggt werden.

Kampagnen-Blog: Kampagnen-Blogs werden für einen bestimmten Zeitraum eingesetzt, um z.b. auf einen Event des Unternehmens aufmerksam zu machen. Ein Beispiel für einen erfolgreichen Kampagnen-Blog ist die Vorstellung des Kinofilms „King Kong".[102] Über den Film wurde bereits ein Jahr vor Filmstart von den Dreharbeiten berichtet, um so das Interesse zu wecken und die Kunden für das Produkt (den Film) zu gewinnen.[103] Kampagnen-Blogs können Unternehmen einsetzten, die erste Erfahrungen im Umgang mit Weblogs sammeln wollen, da eine Kampagne begrenzt ist und so getestet werden kann.

Customer-Service-Blog: Im Customer-Service-Blog wird die Beziehung zu Kunden des Unternehmens gepflegt und verbessert.[104] Kundenfragen zu Produkten werden schnell beantwortet und der Service somit gesteigert.

Krisen-Blog: Die Krisen-Blogs können von Unternehmen genutzt werden, um schnell und umfassend über Unternehmenskrisen aufzuklären und diese zu entschärfen.[105]

Welchen Corporate Blog ein Unternehmen nun einsetzt, hängt von den Marketing- und Kommunikationszielen des jeweiligen Unternehmens ab.

2.7.3 Multimedia Pattformen

Die Multimedia Plattformen transportieren ihre Botschaft nicht in schriftlicher Form, wie die anderen Social Media Plattformen, sondern sie nutzen Ton, Bilder und Video-Aufnahmen. Denn Bilder sagen mehr als tausend Worte, diese Redewendung lässt sich auch auf das Social Media Marketing umwandeln. Es gibt eine Vielzahl von Multimedia

---

[100] Vgl. Hettler, U. (2010), S. 179
[101] Vgl. Picot, A., Fischer, T. (2005), S. 51
[102] Vgl. King Kong (2012), URL: http://www.kongisking.net/index.shtml, Abruf am 27.01.2012
[103] Vgl. Hettler, U. (2010), S. 180
[104] Vgl. Raabe, A. (2007), S. 57
[105] Vgl. Hettler, U. (2010), S. 180

Plattformen auf denen multimediale Inhalte hochgeladen werden können und der Öffentlichkeit zugänglich gemacht werden. Die Inhalte können dann kommentiert, weitergeleitet und verlinkt werden, z.b. auf Social Network Plattformen oder Twitter.[106] Zu den bekanntesten Diensten gehört das Video-Sharing Portal YouTube und das Foto-Sharing Portal Flickr, die in den nächsten Kapiteln erläutert werden.

2.7.3.1 YouTube

YouTube ist der weltweit größte Video-Sharing Dienst und auf Platz drei der beliebtesten Webseiten.[107] Auf YouTube können Nutzer Videomaterial hochladen und der YouTube Community zur Verfügung stellen. Die Videos können kommentiert, abonniert und auf Social Media Plattformen von den Nutzern weiterverlinkt werden. Durchschnittlich werden alle 2 Minuten Videomaterial hochgeladen, das macht pro Woche ca. 1.500.000 Videos in Spielfilmlänge. Von diesen Filmen werden 2 Milliarden Videos am Tag abgespielt.[108] Unternehmen können YouTube auf verschiedene Art und Weise für das Social Media Marketing nutzen. Sie können sich einen sogenannten „YouTube-Channel" einrichten. Mit diesem Channel können Unternehmen mit Videos (Werbespots) über Produkte, Dienstleistungen oder eine Marke informieren. Ein Channel ist nichts anderes als ein Profil und kann von anderen YouTube Nutzern abonniert werden. Ein erfolgreiches Beispiel für ein Unternehmens-YouTube-Channel ist Coca Cola.[109] Sie zeigen eigene Werbevideos und machen mit ihrem Channel auf Gewinnspiele aufmerksam. Somit bietet der YouTube Kanal für ein Unternehmen eine steuerbare Verbreitung von Videos im Internet. Neben dem Channel können Unternehmen auch Bannerflächen mieten auf der Webseite oder in einem Video. Auf diese Weise kann eine große Gruppe von Menschen erreicht werden. Die Unternehmen sollten für ihre Marketingzwecke nicht ausschließlich YouTube nutzen, sondern dies mit anderen Plattformen als nützlichen Zusatz kombinieren, um Marketing-Inhalte besser zu verbreiten.

---

[106] Vgl. Fabian, R. (2011), S. 14
[107] Vgl. Zarella, D. (2010), S. 109
[108] Vgl. Eck, K. (2007), S. 94 f.
[109] Vgl. YouTube Coca Cola (2012), URL:http://www.youtube.com/user/cocacola?blend=1&ob=0, Abruf am 28.01.2012

2.7.3.2 Flickr

Flickr ist ein Foto-Sharing Dienst. Die Nutzer können digitale Bilder hochladen, kommentieren und auf andere Social Media Plattformen weiterverlinken. Flickr besitzt über 40 Millionen Mitglieder weltweit. Unternehmen, die mit Bildern Aufmerksamkeit für ein Produkt, Dienstleistung oder einer Marke generieren wollen, können Flickr nutzen, z.b. können für das Marketing einer Modemarke Modelfotos mit den allerneusten Designs vorgestellt werden.[110]

2.7.4 Wikis

Wikis sind eine Ansammlung von Webseiten, die von jedem Besucher der Seite aufgerufen und bearbeitet werden kann. Der Besucher kann hierbei nicht nur Inhalte hinzufügen, wie bei anderen Social Media Plattformen, sondern es ist auch möglich die Inhalte von anderen Besuchern auf der Seite zu verändern.[111] Jeder kann hierbei die Texte ändern, löschen oder hinzufügen. Die Seiten und Artikel sind mit internen Links verknüpft, so dass der Leser durch Schlagwörter nach bestimmten Themen recherchieren kann.[112] Das bekannteste Wiki ist Wikipedia. Wikipedia ist eine elektronische Online-Enzyklopädie, die von Usern eigenständig erstellt und untereinander geprüft wird. Heute gibt es auf Wikipedia ca. 10 Millionen Artikel weltweit, wobei 850.000 Artikel aus dem deutschsprachigen Wikipedia stammen.[113] Viele Unternehmen und Institutionen sind dort nachzuschlagen und es gehört zu den beliebtesten Social Media Plattformen (siehe dazu Kapitel 2.4), daher sollte ein Unternehmen Wikipedia in der Social Media Strategie einbeziehen. Wikis können Unternehmen vor allem in der Produktentwicklung nutzen, indem sie den Kunden durch ein Unternehmens-Wiki einbeziehen. Denn Studien haben gezeigt, dass durch die Einbeziehung des Kunden eine bessere Kundenzufriedenheit und ein besseres Produkt geschaffen wird.[114] Weiterhin können so auch die hohen Kosten für die Marktforschung eingespart werden, da die User ihre Wünsche, Erfahrungen und Bedenken zum Produkt freiwillig und kostenlos auf der Wiki-Plattform des Unternehmens weitergeben.

---

[110] Vgl. Zarella, D. (2010), S. 115
[111] Vgl. Hettler, U. (2010), S. 41
[112] Vgl. Huber, M. (2010), S. 86
[113] Vgl. Hettler, U. (2010), S. 42
[114] Vgl. Zühlke, D. (2005), S. 25

2.7.5 Bewertungsportale

Ein Bewertungsportal ermöglicht es dem Nutzer sich über Produkte oder Dienstleistungen zu informieren. Die Bewertungen werden von anderen Nutzern auf das Portal eingestellt, die schon Erfahrungen mit dem Produkt gesammelt haben, anhand von bestimmten Bewertungskriterien. Die Konsumenten nutzen heutzutage Bewertungsportale, um eine Kaufentscheidung für den Kauf oder gegen den Kauf zu fällen.[115] Aus diesem Grund sollten Unternehmen Bewertungsportale beobachten und wenn nötig auf schlechte Bewertungen reagieren, damit kein negatives Image und kein Schaden entsteht. Weiterhin sollten von Unternehmen positive Bewertungen gefördert werden (z.B. durch Gewinnspiele), da die Nutzer so kostenlos für ein Unternehmen werben und die Kaufentscheidung anderer positiv beeinflussen. In Deutschland gibt es einige Bewertungsportale wie z.B. *geizhals.de* oder *guenstiger.de*, die neben dem Vergleich von Preisen auch Bewertungen und Erfahrungen von anderen Konsumenten anbieten. Das größte und populärste Bewertungsportal ist *Holidaycheck*.[116] Bei Holidaycheck können Touristen ihre Reise bzw. das Hotel bewerten, um im Urlaub keine böse Überraschung zu erleben. In der Tourismusbranche kommen die Veranstalter nicht mehr darum herum sich mit Holidaycheck auseinanderzusetzen, dies zeigt den Stellenwert den ein Bewertungsportal erreichen kann.

2.7.6 Social News

Social News sind Internetseiten, auf denen Nutzer über spannende Inhalte abstimmen können und darüber, ob diese nach ihrer Meinung für andere User interessant sein könnten. Die Artikel, die die meisten Stimmen erhalten, werden dann auf der Titelseite des Social News Dienstes angezeigt. So erhält ein Artikel eine größere Aufmerksamkeit und ein größeres Publikum von Interessenten.[117] Unternehmen können durch die Social News eine ungeahnte Aufmerksamkeit zu einem Produkt oder einer Dienstleistung generieren. Dies wiederum kann die Zugriffszahlen für eine Unternehmens-, Produkt- und Markenwebseite erhöhen und die Bekanntheit bei den Nutzern steigern.[118] Der

---

[115] Vgl. Hettler, U. (2010), S. 60
[116] Vgl. Holidaycheck (2012), URL:http://www.holidaycheck.de/, Abruf am 04.04.2012
[117] Vgl. Fabian, R. (2011), S. 13
[118] Vgl. Weinberg, T. (2010), S. 251

größte englischsprachige Social News Dienst ist *Digg*[119] und in Deutschland ist dies *Yigg*.[120]

2.7.7 Social Bookmarking

Social Bookmarking sind digitale Lesezeichen sogenannte „Bookmarks".[121] Die Social Bookmarking-Dienste erlauben es dem User seine Lesezeichen im Internet von jedem Ort aus mit dem Computer zu verwalten und auf diese zuzugreifen. Die Lesezeichen können von anderen Usern eingesehen und genutzt werden, wenn sie für die Öffentlichkeit zugänglich gemacht werden.[122] Zu den bekanntesten und beliebtesten Social Bookmarking Dienste gehören die englischsprachigen Dienste *Delicious*[123] und *StumbleUpon*.[124] In Deutschland wird der Dienst von *Mister Wong*[125] am meisten genutzt. Die Suche nach bestimmten Artikeln erfolgt anhand von benutzerdefinierten Schlagwörtern sogenannten „Tags".[126] Die Unternehmen können Social Bookmarking vor allem nutzen, um einen höheren Traffic für eine Webseite zu erreichen und diese schnell im Internet zu verbreiten. In Deutschland sollten Unternehmen Social Bookmarking nur als einen Zusatz für das Social Media Marketing einsetzen, da es hierzulande noch nicht so verbreitet ist wie z.B. in den USA.

2.8 Viraler Effekt

Heutzutage ist es noch nie so einfach gewesen Informationen an andere Menschen weiterzuleiten. User können einfach eine Social Media Plattform nutzen und dort Inhalte wie z.B. Informationen oder Kommentare zu einem Produkt mit Freunden in der ganzen Welt teilen. Im Idealfall erzielen Unternehmen dabei einen sogenannten „viralen Effekt".[127] Beim viralen Effekt wird ein Inhalt von einem User zum anderen User weitergegeben und verbreitet sich so in einer exponentiell wachsenden Geschwindigkeit

[119] Vgl. Digg (2012), URL:http://digg.com/, Abruf am 04.02.2012
[120] Vgl. Yigg (2012), URL:http://yigg.de/, Abruf am 04.02.2012
[121] Vgl. Raabe, A. (2007), S. 42
[122] Vgl. Hettler, U. (2010), S. 58
[123] Vgl. Delicious (2012), URL:http://delicious.com/Abruf am 04.02.2012
[124] Vgl. StumbleUpon (2012), URL:http://www.stumbleupon.com/, Abruf am 04.02.2012
[125] Vgl. Mister Wong (2012), URL: http://www.mister-wong.de/, Abruf am 04.02.2012
[126] Vgl. Hettler, U. (2010), S. 59
[127] Vgl. Grabs, A., Bannour, K. (2011), S. 30

im Internet.[128] Um eine Botschaft viral zu verbreiten, nutzen Unternehmen das sogenannte „Virale Marketing". Der Begriff wird oft im Zusammenhang mit Social Media Marketing genannt. Das Virale Marketing ist als eine Form des Social Media Marketing zu verstehen.[129] Es muss aber nicht zwangsläufig immer im Netz stattfinden, jedoch ist das Social Media Medium dafür am besten geeignet. Weiterhin wird es auch als „Virus Marketing" bezeichnet, da es seine Botschaft oder Informationen wie eine Virusgrippe verbreitet.[130] Ein viraler Effekt erreicht hierbei eine große Aufmerksamkeit für ein Produkt, eine Dienstleistung oder eine Kampagne. Es bietet somit Gesprächsstoff für Fans und Follower bzw. den potentiellen Kunden an. Das Platzieren und Verbreiten einer viralen Botschaft wird auch „Seeding" genannt. Das Seeding kann dabei auf zwei Arten durchgeführt werden, als einfaches und erweitertes Seeding.[131] Beim einfachem Seeding entdeckt die Zielgruppe selber die virale Botschaft, was aber oft schwer gelingt. Beim erweitertem Seeding wird die Botschaft auf verschiedenen Kanälen (Social Media Plattformen, Fernsehen usw.) platziert, um so einen viralen Effekt schneller anzustoßen. Eine erfolgsversprechende virale Kampagne enthält meist einen ungewöhnlichen, unterhaltenden, überraschenden, kreativen oder witzigen Inhalt und sollte dem Nutzer kostenlos zur Verfügung stehen.[132] Motivator für die Verbreitung durch einen Nutzer ist somit ein gebotener persönlicher Mehrwert. Gute Ideen sollten dabei neu bzw. innovativ sein und auf keinen Fall von Unternehmen kopiert werden. Bei der Ideenfindung kann zudem gut eine Community mit einbezogen werden.[133]

Ein Beispiel für eine erfolgreiche virale Kampagne ist der Werbespot von „Evian". Die Firma Evian hat einen Werbespot gedreht, indem rappende Babys auf Rollschuhen Kunststücke vollbrachten.[134] Dabei umkurvten sie eine Flasche Evian, die für die Zuschauer sichtbar in der Mitte platziert wurde. Das Video wurde auf YouTube gestellt und verbreitete sich viral in kürzester Zeit im Web und vor allem auf Social Media Plattformen, sodass es über 1,4 Millionen Views pro Woche generiete.[135]

---

[128] Vgl.Bauer, H., Martin, I., Albrecht, C. (2007), S. 64
[129] Vgl. Langer, S. (2007), S. 27 ff.
[130] Vgl. Klinger, M. (2006), S. 13
[131] Vgl. Langer, S. (2007), S. 72
[132] Vgl. Hettler, U. (2010), S. 141
[133] Vgl. Holzapfel, F., Holzapfel K. (2010), S. 134 f.
[134] Vgl. Evian Roller-Babys (2012), URL: http://www.youtube.com/watch?v=eExHIzBKRU0 &feature=related, Abruf am 11.02.2012
[135] Vgl. Hettler, U. (2010), S. 141

Ein viraler Effekt lässt sich nicht garantieren, auch nicht durch die beste Planung einer Marketingabteilung. Aus diesem Grund gilt der Grundsatz für Unternehmen nicht zögern sondern machen und Dinge ausprobieren, um auf diese Weise die Ansprüche der Zielgruppe in Erfahrung zu bringen.[136] Zusammenfassend kann gesagt werden, dass ein Unternehmen durch das virale Marketing mit geringen Kosten und niedrigem Aufwand eine große Anzahl von Menschen erreichen kann und die Bekanntheit gesteigert bzw. ein finanzieller Erfolg erreicht werden kann.

2.9 Social Media Marketing Strategie

Um erfolgreich mit dem Einsatz von Social Media Marketing zu sein, ist es wichtig für ein Unternehmen eine Strategie zu entwickeln. Eine durchdachte Strategie gibt eine Struktur und Orientierung vor, um die aufgestellten Ziele zu erreichen. In diesem Kapitel wird die Planung der Social Media Marketing Strategie Schritt für Schritt erläutert.

2.9.1 Ausgangslage analysieren

Ein Unternehmen sollte am Anfang, bevor es überhaupt eine Strategie entwickelt, die Ausgangssituation und die strategische Ausrichtung des Unternehmens abfassen. Hierbei sollte die momentane Lage des Unternehmens betrachtet werden und klar werden, welche Rolle und Botschaft im Social Media Web nach außen vermittelt werden soll.

2.9.2 Die richtige Zielgruppe finden

Welche Zielgruppe angesprochen wird, hängt vom Geschäftsfeld des jeweiligen Unternehmens ab. Um eine passende Zielgruppe zu bestimmen, sollte sich ein Unternehmen folgende Fragen stellen: „Welche Zielgruppe wollen wir erreichen?", „Wie nutzen die Kunden das Social Media?"[137], „Was erwarten die Kunden von uns bzw. was möchten die Kunden?". Für die Beantwortung der Fragen muss ein Unternehmen Marktforschung im Social Media Web, z.B. durch Umfragen oder Social Media Monitoring (siehe Kapitel 2.12) betreiben. Weiterhin sollte es auch Kunden-Personas identifizieren. Ein Kunden-Personas ist ein Kundentyp, der ein Interesse am

---

[136] Vgl. Holzapfel, F., Holzapfel K. (2010), S. 135
[137] Vgl. Li, C., Bernoff, J. (2008), S. 40

Unternehmen, dem Produkt oder der Dienstleistung hat oder dessen Problem durch ein angebotenes Produkt oder dem Service gelöst werden kann.[138] Mit den Personas kann die Zielgruppe und deren Bedürfnisse exakt mit dem Social Media Marketing angesprochen werden. Außer dem Kundentypen und der Zielgruppe eines Unternehmens, gibt es innerhalb der Social Media Nutzern zusätzlich verschiedene Typen. Diese Nutzertypen lassen sich in sieben Gruppen unterteilen:[139]

> *Creators (Kreative):*
  Creators sind die aktivste Gruppe im Social Media Bereich. Sie publizieren in Blogs eigene Artikel und Inhalte, betreiben eine eigene Webseite und laden selbsterstellte Videos oder Musik ins Web.

> *Conversationalists (Diskutanten):*
  Conversationalists schreiben Statusmeldungen in Social Networks und Beiträge auf Twitter

> *Critics (Kritiker):*
  Critics bewerten und kommentieren Produkte oder den Service. Sie reagieren auf Artikel und Inhalte z.B. in Blogs, Foren usw.

> *Collector (Sammler):*
  Collectors sind weniger aktiv im Netz als die Critics. Sie nutzen Social News und Social Bookmarking, um Links zu sammeln und zu verteilen.

> *Joiners (Teilnehmer):*
  Joiners besitzen ein eigenes Profil bei einem Social Network Dienst und besuchen die Profile von anderen Nutzern.

> *Spectators (Zuschauer)*
  Spectators sind Beobachter. Sie lesen Blogs, Kundenbewertungen und schauen sich Videos auf Social Media Plattformen an. Sie nutzen somit die Inhalte von anderen Social Media Nutzern ausschließlich für sich selber.

> *Inactives (Inaktive)*
  Inactives nehmen an keiner Aktivität im Social Media Web teil.[140]

Die oben genannten Gruppen haben für sich jeweils unterschiedliche Bedürfnisse und können aus diesem Grund nicht gleich behandelt werden.[141]

---

[138] Vgl. Meermann Scout, D. (2010), S. 208
[139] Vgl. Grabs, A., Bannour, K. (2011), S. 61 f.
[140] Vgl. Leinemann, R. (2011), S. 163

2.9.3 Ziele aufstellen

Wenn die Zielgruppe identifiziert ist, sollten die Ziele aufgestellt werden. Die Ziele des Social Media Marketing sind in Kapitel 2.6 definiert. Der Hauptbestandteil der Strategie ist die Aufstellung von Zielen. Bei der Zielsetzung sollte darauf geachtet werden, dass die Ziele konkret, messbar, erreichbar, realistisch und zeitlich klar sind.[142] Hierfür steht im Marketing die Abkürzung SMART (**S**pecific, **M**easurable **A**ttaenable, **R**ealistic und **T**imely).[143]

Specific: Die Ziele sollten klar definiert werden, damit einem Unternehmen bewusst ist, ob und wie das Ziel erreicht werden kann. Ein konkretes Ziel könnte, z.b. das Gewinnen von 1.000 Fans für das Unternehmensprofil auf Facebook sein.

Measurable: Ziele müssen messbar sein, um diese managen zu können.

Attaenable: Die aufgestellten Ziele sollten erreichbar sein. Unerreichbare Ziele sind für das Social Media Marketing nicht sinnvoll und für die Mitarbeiter demotivierend.

Realistic: Die Ziele sollten mit den bestehenden Mitteln des Unternehmens erreichbar sein bzw. realistisch. Zu den bestehenden Mitteln gehört z. B. das nutzbare Personal oder das Budget (siehe Kapitel 2.9.4).

Timely: Für jedes Ziel sollte ein Zeitraum festgelegt werden, welches von den Mitarbeitern erreicht werden sollte.

Die jeweiligen Ziele sollten in der Social Media Marketing Kampagne von einem Unternehmen nicht einzeln betrachtet werden, da sie meist auch nicht einzeln erreicht werden, sondern sich anhand einer Wirkungskette darstellen. Hierbei sollten die Ziele in Etappen betrachten werden (siehe Abbildung 12).[144]

Abbildung 12: Wirkungskette

Quelle : Vgl. Holz, A., Halbach, J., Schleinhege, M. (2010), S.12

---

[141] Vgl. Li, C., Bernoff, J. (2008), S. 40
[142] Vgl. Weinberg, T. (2010), S. 39
[143] Vgl. Weinberg, T. (2010), S. 40 f.
[144] Vgl. Huber, M. (2010), S. 86

In der Abbildung 12 wird eine Wirkungskette abgebildet, die die einzelnen Etappen darstellt. Durch eine erhöhte Interaktion mit den Kunden, erhöht sich gleichzeitig die Kundenbindung und das Image wird verbessert. Dies führt schließlich zur Neukundengewinnung und zu einer Umsatzsteigerung.[145]

2.9.4 Ressourcenermittlung

Im nächsten Schritt sollte das Unternehmen feststellen, ob es überhaupt über die notwendigen Ressourcen verfügt, um die gesteckten Ziele zu erreichen. Hierzu zählt nicht nur das Kapital für das Marketing Engagement, sondern auch das Personal. Das Unternehmen benötigt fähiges Personal mit Wissen für das Social Media Marketing (sogenannte Social Media Marketing Experten), um es erfolgreich nutzen zu können. Besitzt das Unternehmen kein Personal mit den erforderlichen Fähigkeiten, könnte das Social Media Marketing von einem externen Dienstleister übernommen werden.[146] Ein externer Dienstleister übernimmt alle Aufgaben, ist aber auch ein größerer Kostenfaktor und es werden interne Informationsdaten an diese weitergegeben. Weiterhin benötigt ein Unternehmen die richtigen Tools und Programme, um auf den Social Media Plattformen aktiv zu werden.

2.9.5 Auswahl der richtigen Plattform

Ein Unternehmen sollte die Social Media Plattform für seine Marketing Aktivitäten auswählen, auf der sich die Zielgruppe verhaltensmäßig stark aufhält. Möchte das Unternehmen die breite digitale Öffentlichkeit neben der Zielgruppe erreichen, kann es sinnvoll sein zusätzlich die populärsten Plattformen zu nutzen.[147] Die Präsenz auf einer Social Media Anwendung sollte von Anfang an beworben werden, z.B. auf der Unternehmenswebseite oder über die klassischen Werbemittel. Genauso können die verschiedenen Plattformen auch füreinander werben. Die wichtigsten Social Media Plattformen für ein Unternehmen wurden in Kapitel 2.7 näher erläutert.

---

[145] Vgl. Holz, A., Halbach, J., Schleinhege, M. (2010), S. 12
[146] Vgl. Heymann-Reder, D. (2011), S. 236
[147] Vgl. Hettler, U. (2010), S. 153

2.9.6 Planung des Inhaltes

Das Unternehmen sollte in seiner Strategie auch den inhaltlichen Rahmen (Content) der Social Media Marketing Kampagne festlegen. Der Inhalt sollte dem Informationsanbieter auch immer einen Mehrwert bzw. Nutzen bieten. Dem Nutzer muss aufgezeigt werden, dass er davon profitiert, wenn er Fan, Follower oder Leser des Inhaltes wird. Dies wird erreicht, indem z. B. Hilfe bei der Kaufentscheidung angeboten wird oder ein unterhaltender (witziger oder informativer) Inhalt entwickelt wird. Dabei ist aber darauf zu achten, dass die Social Media Marketing Inhalte nicht einen penetranten Werbecharakter aufweisen, da so die Nutzer bzw. zukünftigen Kunden nur abgeschreckt werden.[148] Im Idealfall sollte der Inhalt dem Empfänger einen so großen Mehrwert bieten, dass der Nutzer bereit ist den Inhalt freiwillig weiterzuleiten und das Unternehmen bzw. deren Produkte oder Dienstleistungen an andere Nutzer zu empfehlen.

2.9.7 Durchführung mit Hilfe der Guideline

Nachdem die Social Media Marketing Strategie theoretisch geplant wurde, sollten Unternehmen im nächsten Schritt diese praktisch umsetzen. Um die Einführung der Strategie für die Mitarbeiter zu erleichtern und ihnen die Sicherheit mit dem Umgang mit dem Thema Social Media zu gewährleisten, sollte ein Unternehmen eine Guideline aufstellen. In der Guideline werden die Richtlinien für die Mitarbeiter des Unternehmens formuliert, darunter fallen die Ziele, die Zielgruppen und die Plattformen, welche erreicht und genutzt werden sollen. Es werden Hilfestellungen für den richtigen Umgang mit Social Media aufgelistet.[149] Dabei ist es sinnvoll die Mitarbeiter in der Entwicklung der Guidelines mit einzubeziehen, um so das Verständnis bei ihnen zu erleichtern und zu erreichen.[150] Ein anderer Teil der Guideline besteht aus gesetzlichen Vorgaben, wie z.B. Urheberrechten oder Betriebsgeheimnissen. Es werden auch Regeln bezüglich der privaten Nutzung von Social Media während der Arbeitszeit wiedergeben.[151]

---

[148] Vgl. Hettler, U. (2010), S. 153
[149] Vgl. Jodeleit, B. (2010), S. 51 f.
[150] Vgl. Jodeleit, B. (2010), S. 48
[151] Vgl. Grabs, A., Bannour, K. (2011), S. 76 f.

2.9.8 Erfolgsmessung

Ob die Social Media Marketing Aktivitäten einen Erfolg bringen, können Unternehmen anhand von Statistiken messen. In den Statistiken können z.B. die Zahlen der Nutzer bzw. die Aktivitäten abgelesen und deren Entwicklung innerhalb eines bestimmten Zeitraumes überblickt werden. Bei Facebook und YouTube können Unternehmen Statistik-Tools, die kostenlos zur Verfügung gestellt werden, zur Analyse des Erfolges einsetzen.

Abbildung 13: Facebook Statistik-Tool

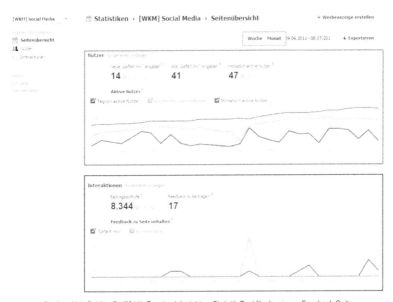

Quelle : Vgl. Colditz, D. (2011), Facebook Insights – Statistik-Tool für die eigene Facebook-Seite, URL:http://www.wkm-socialmedia.de/facebook-insights-%E2%80%93-statistik-tool-fur-die-eigene-facebook-seite/, Abruf am 11.02.2012

In der oberen Abbildung 13 wird das Facebook Statistik-Tool einer Fanpage abgebildet. In der Abbildung wurden drei Bereiche farblich hervorgehoben. Im grün markierten Bereich ist es möglich einen Zeitraum für die angezeigten Diagramme auszuwählen. [152] Der rote Bereich zeigt ein Diagramm, dass die Entwicklung der aktiven Nutzer zeigt.

---

[152] Vgl. Colditz, D. (2011), Facebook Insights – Statistik-Tool für die eigene Facebook-Seite, URL:http://www.wkm-socialmedia.de/facebook-insights-%E2%80%93-statistik-tool-fur-die-eigene-facebook-seite/, Abruf am 11.02.2012

Dabei werden die täglich, wöchentlich und monatlich aktiven Nutzer für den vorher festgelegten Zeitraum angezeigt. Über den Button „Einzelheiten anzeigen" können noch weitere Informationen zur Aktivität der Fanpage-Nutzer angezeigt werden. Zu den weiteren Informationen gehören z.b. Geschlecht, Alter, Länderherkunft, Städteherkunft, Sprache, Seitenaufrufe und die Mediennutzung.[153] Im blauen Bereich werden die Interaktionen der Nutzer in einem Diagramm dargestellt. Es können die Reaktionen der Nutzer auf die Facebook-Inhalte abgelesen werden; wie viele Nutzer z.b. auf den „Gefällt mir" Button geklickt haben oder wie viele Kommentare generiert wurden. Es gibt auch hier einen Button „Einzelheiten anzeigen", wodurch weitere Informationen über die Reaktion der Nutzer zu den Facebook-Beiträgen angezeigt werden.[154] Für die Werbeanzeigen, die von Unternehmen zusätzlich geschaltet werden können, liegen auch spezielle Statistik-Tools von Facebook zur Nutzung vor. YouTube besitzt ebenfalls ein ähnliches kostenloses Statistik-Tool wie Facebook. In diesem Tool können Unternehmen betrachten, welche Nutzer aus welcher Region, das eingestellte Video gesehen haben. Weiterhin zeigt es wie der User auf das Video aufmerksam wurde und auf welche Seite das Video verlinkt wurde.

Somit eignen sich diese Tools hervorragend für die Optimierung der Social Media Marketingbemühungen.[155] Neben den kostenlosen Tools gibt es auch kostenpflichtige Tools, die für die Erfolgsmessung des Social Media Marketing genutzt werden können. Diese Tools sind meist umfangreicher. *Radian6* ist ein solches Tool, welches nun beispielhaft vorgestellt wird.[156] Radian6 beobachtet 150 Millionen Social Media Sites und wertet alle Daten in einer übersichtlichen Analyse für ein Unternehmen aus. Vor allem größere Unternehmen nutzen dieses Tool häufig und schwören darauf.[157]

---

[153] Vgl. Colditz, D. (2011), Facebook Insights – Statistik-Tool für die eigene Facebook-Seite, URL:http://www.wkm-socialmedia.de/facebook-insights-%E2%80%93-statistik-tool-fur-die-eigene-facebook-seite/, Abruf am 11.02.2012
[154] Vgl. Colditz, D. (2011), Facebook Insights – Statistik-Tool für die eigene Facebook-Seite, URL:http://www.wkm-socialmedia.de/facebook-insights-%E2%80%93-statistik-tool-fur-die-eigene-facebook-seite/, Abruf am 11.02.2012
[155] Vgl. YouTube Statistik Tool (2012), URL: http://www.youtube.com/t/advertising_insight, Abruf am 11.02.2012
[156] Vgl. radian6 (2012), URL: http://www.radian6.com, Abruf am 11.02.2012
[157] Vgl. Heymann-Reder, D. (2011), S. 103

2.10 Chancen des Social Media Marketing

Die Chancen des Social Media Marketing können gleichgesetzt werden mit den Zielen des Social Media Marketings, die in Kapitel 2.6 wiedergegeben werden. Social Media bietet dem Unternehmen eine neue Möglichkeit mit dem Kunden zu kommunizieren und ihm von einem Produkt oder einer Dienstleistung zu überzeugen. Gleichzeitig können Unternehmen auf diesem Weg Marktforschung betreiben und die Loyalität zur einer Marke um ein Vielfaches erhöhen bei einer großen Zielgruppe von Menschen, die über herkömmliche Marketing Aktivitäten nicht erreicht werden könnten.[158] Dabei muss das Unternehmen keinen riesigen Aufwand betreiben und Geld investieren um eine Werbebotschaft zu verbreiten, da bei einer erfolgreichen Social Media Marketing Kampagne, die Kunden als Botschafter für das Produkt nach außen agieren.

2.11 Gefahren des Social Media Marketing

Das Social Media Marketing birgt auch Gefahren. Die größte Gefahr sehen Unternehmen im Kontrollverlust. Eine Reaktion von den Menschen über ein Produkt, eine Dienstleistung oder der Werbebotschaft kann nicht vorausgesagt werden. Sie können positiv wie auch negativ ausfallen.[159] Aus diesem Grund sehen die Unternehmen das Risiko, dass negative Aspekte in den Vordergrund rücken können und sich dann unaufhaltsam viral im Web verbreiten (siehe hierzu auch Kapitel 3.3).[160] So entsteht ein Verlust über die Botschaft, die im schlimmsten Fall dem Unternehmen Schaden zufügen kann, z.B. einen enormen Imageverlust bis hin zu einem finanziellem Schaden. Weiterhin ist es schwierig Inhalte zu produzieren, die den Leuten einen Mehrwert bieten und sie dazu bewegen die Werbebotschaft selbständig und freiwillig zu verbreiten (meist steckt Glück dahinter).[161] Aus diesem Grund benötigen Unternehmen fähige Mitarbeiter, die wiederum ein hoher Kostenfaktor sind. Diese hohen Kosten schrecken viele Unternehmen ab, da sich der Erfolg meist schwer und nicht kurzfristig messen lässt, sondern Social Media Marketing ein langfristiges Projekt im Unternehmen ist. Eine weitere Gefahr befürchten Unternehmen durch die Mitarbeiter. Sie könnten Social Media Anwendungen missbrauchen oder auf negative Beiträge falsch reagieren und so dem Unternehmen schaden. Doch diese Gefahr lässt sich mit der

---

[158] Vgl. Hettler, U. (2010), S. 30
[159] Vgl. Weinberg, T. (2010), S. 19
[160] Vgl. Hettler, U. (2010), S. 256
[161] Vgl. Pfeil, T. (2010), S. 26

Aufstellung einer Guideline für die Mitarbeiter minimieren (siehe hierzu Kapitel 2.9.7). Eine weitere Gefahr sehen Unternehmen in der Anfälligkeit der Technik. So können z.b. durch Spyware, auch Spionage-Software genannt, wichtige und vertrauliche Informationen an die Öffentlichkeit bzw. die Konkurrenz gelangen. Zwar gibt es einige Gefahren und Risiken im Umgang mit Social Media Marketing, doch lassen sich diese durch eine durchdachte Strategie und mit dem Einsatz von Social Media Monitoring (Erläuterung im nächsten Kapitel) so gering wie möglich halten. Daher streben auch 60 Prozent der deutschen Unternehmen eine Verbesserung der Kommunikations- und Werbefähigkeit, mit Hilfe des Einsatzes von Social Media an.[162]

2.12 Social Media Monitoring

Social Media Monitoring kann als ein Instrument zur Minimierung von Risiken gesehen werden.[163] Es ist eine Form des Webmonitorings und richtet sich auf Social Media Kanäle.[164] Beim Monitoring werden Diskussionen, Meinungsbildungen und Bewertungen im Social Web beobachtet. Unternehmen setzen hierbei „Crawler" ein. Crawler sind spezielle Tools, die das Social Media Web nach bestimmten vordefinierten Schlagwörtern absuchen und auswerten. Ein Schlagwort könnte z.B. der Firmenname sein, so werden alle Beiträge angezeigt, in denen der Firmenname vorkommt. Auf diese Weise können Unternehmen mit Social Media Monitoring negative Inhalte wie auch positive Inhalte zum Unternehmen entdecken und darauf angemessen reagieren. Ohne Social Media Monitoring würden diese Inhalte unentdeckt bleiben und könnten im schlimmsten Fall zu einem Schaden für das Unternehmen führen. Das Social Media Monitoring lässt sich in vielen Bereichen einsetzen, um Informationen und Erkenntnisse zu erhalten. Einige wichtige Anwendungsbereiche werden hier nun aufgezählt:[165]

- Für die Marktforschung
- Für die Produktentwicklung
- Für die Qualitätssicherung
- Für die Krisenerkennung
- Für die Erfolgsmessung
- Für die Wettbewerbsforschung

---

[162] Vgl. Pfeil, T. (2010), S. 26
[163] Vgl. Heymann-Reder, D. (2011), S. 99
[164] Vgl. Hettler, U. (2010), S. 83
[165] Vgl. Hilker, C. (2010), S. 165

Social Media Monitoring ist somit sehr vielseitig einsetzbar und ein wichtiges Instrument für das Social Media Marketing.

2.13 Stellenwert des Social Media Marketing für Unternehmen

Das deutsche Institut für Marketing hat im Jahr 2010 eine Studie durchgeführt, in der 104 Unternehmen zum Thema Social Media Marketing befragt wurden.[166] In dieser Studie wurde festgestellt, dass der Stellenwert von Social Media Marketing in deutschen Unternehmen zur Zeit noch keine feste Größe besitzt (siehe Abbildung 14).

Abbildung 14: Welchen Stellenwert besitzt das Social Media Marketing in ihrem Unternehmen?

Quelle : Vgl. Deutsches Institut für Marketing (2010), DIM - Expertenpanel Marketing 2010 Social Media Marketing, URL: http://www.marketinginstitut.biz/media/Deutsches%20Institut%20f%C3%BCr%20Marketing%20-%20Studie%20Social%20Media%20Marketing%20(SMM).pdf, Abruf am 26.02.2012

In der Abbildung 14 ist eine sechsstufige Ratingskala zu erkennen. Aus der Skala kann der Stellenwert des Social Media Marketing von den befragten Unternehmen abgelesen werden. Die Beurteilung erfolgt dabei von 1 bis 6, wobei 1 für „sehr hoch" und 6 für „sehr gering" steht. 39,4 Prozent geben an, dass Social Media Marketing nur eine geringe bzw. sehr geringe Rolle in ihrem Unternehmen spielt. Hingegen sagen 31,8 Prozent, dass es einen hohen bzw. sehr hohen Stellenwert in ihrem Unternehmen hat. 28,9 Prozent der Befragten sehen einen mittleren Stellenwert. Zusammenfassend ist zu

---

[166] Vgl. Deutsches Institut für Marketing (2010), DIM - Expertenpanel Marketing 2010 Social Media Marketing, URL: http://www.marketinginstitut.biz/media/Deutsches%20Institut%20f%C3%BCr%20Marketing%20-%20Studie%20Social%20Media%20Marketing%20(SMM).pdf, Abruf am 26.02.2012

erkennen, dass der Stellenwert in deutschen Unternehmen unterschiedlich ausfällt und das Social Media Marketing noch keinen hohen Stellenwert besitzt, zumindest in der Gegenwart. Auf die Frage „Welche Bedeutung messen Sie dem Social Media Marketing in Zukunft zu?" haben 69,9 Prozent der Befragten geantwortet, dass nach ihrer Meinung die Bedeutung zunimmt. Hingegen haben nur 3,9 Prozent geantwortet, dass die Bedeutung abnimmt (siehe Abbildung 15). [167]

Abbildung 15: Welche Bedeutung messen Sie dem Social Media Marketing in Zukunft zu?

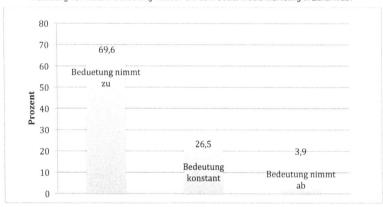

Quelle : Vgl. Deutsches Institut für Marketing (2010), DIM - Expertenpanel Marketing 2010 Social Media Marketing, URL: http://www.marketinginstitut.biz/media/Deutsches%20Institut%20f%C3%BCr%20Marketing%20-%20Studie%20Social%20Media%20Marketing%20(SMM).pdf, Abruf am 26.02.2012

2.14 Zehn Grundsätze für das Social Media Marketing

Damit ein Unternehmen erfolgreich mit seinen Kunden über Social Media Plattformen kommunizieren kann, sollte es folgende zehn Grundsätze verinnerlichen und beachten. Wenn diese Grundlage geschaffen wird, ist das Unternehmen auf einem guten Weg die Social Media Marketing Ziele zu erreichen:

1. Grundsatz: Das Internet bzw. die Social Media Anwendungen wurden nicht entwickelt als ein reines Marketing- oder Vertriebsinstrument, sondern es dient zur Kommunikation der Menschen untereinander. Aus diesem Grund sollten Nutzer von Social Media Plattformen nicht mit Werbebotschaften überflutet werden. Es sollte eher

[167] Vgl. Deutsches Institut für Marketing (2010), DIM - Expertenpanel Marketing 2010 Social Media Marketing, URL: http://www.marketinginstitut.biz/media/Deutsches%20Institut%20f%C3%BCr%20Marketing%20-%20Studie%20Social%20Media%20Marketing%20(SMM).pdf, Abruf am 26.02.2012

versucht werden die Werbebotschaften in interessante Inhalte einzubauen, die die Menschen ansprechen.[168]

2. Grundsatz: Unternehmen sollten ihren Zielgruppen zuhören und so von ihnen lernen. Auf diese Weise lernt ein Unternehmen, wie es mit seiner Zielgruppe kommunizieren sollte und worüber. Weiterhin sollte das Unternehmen auch die Konkurrenz beobachten, um z.B. deren Fehler zu vermeiden oder einfach besser zu werden.[169]

3. Grundsatz: Ein Unternehmen sollte erst nachdenken und dann professionell handeln. Dieser Grundsatz ist vor allem bei einem so schnellen Medium wie das Social Media besonders wichtig. Denn falsche Reaktionen, z.B. auf negative Beiträge oder falsche Informationen vom Unternehmen, können von der Zielgruppe negativ aufgenommen werden und so an weitere User bzw. Kunden weitergeleitet werden.

4. Grundsatz: Für ein Unternehmen sollte der User immer im Mittelpunkt stehen, dabei sollte es versuchen dem User mit Social Media Inhalten einen Mehrwert zu bieten.

5. Grundsatz: Ein Unternehmen sollte schnell und relevant sein vor allem bei Kundenfragen und Kommentaren im Netz. Die Präsenz eines Unternehmens auf Social Media Plattformen, wirkt sich positiv gegenüber dem User aus, so fühlt sich der Kunde z.B. wahrgenommen.[170]

6. Grundsatz: Ein Unternehmen sollte sich, wie Social Media schon aussagt, sozial verhalten. Es sollte nicht nur an den Verkauf und Vertrieb denken, sondern dem potenziellen Kunden ohne einen Nutzen helfen, was langfristig gesehen neue Kunden einbringt.

7. Grundsatz: Die Unternehmen sollten Usern eine Bühne bieten. Dem zufriedenen Kunden sollte ein Raum geboten werden, indem er auch seine Zufriedenheit ausdrücken kann, um andere oder neue Kunden vom Unternehmen oder Produkt zu überzeugen.[171]

8. Grundsatz: Unternehmen sollten nicht spammen, so verschrecken sie User bzw. potentielle Kunden.

9. Grundsatz: Ein Unternehmen sollte authentisch in der Social Media Kommunikation sein, dabei gilt Ehrlichkeit gegenüber den Usern. Es sollte nicht übertreiben, z.B. Leistungen anpreisen, die nicht erfüllt werden können, da der Kunde dies früher oder später bemerkt.

---

[168] Vgl. Grabs, A., Bannour, K. (2011), S. 53
[169] Vgl. Grabs, A., Bannour, K. (2011), S. 54
[170] Vgl. Grabs, A., Bannour, K. (2011), S. 55
[171] Vgl. Grabs, A., Bannour, K. (2011), S. 56

10. Grundsatz: Unternehmen sollten mit dem User zusammenarbeiten. Durch die Zusammenarbeit können Unternehmen von den Usern bzw. Kunden lernen (z.b. durch Vorschläge in Weblogs), wie es seine Produkte oder Dienstleistungen verbessern kann, ganz nach dem Motto: „Gemeinsam sind wir stark".[172]

3. Fallstudien für das Social Media Marketing

In diesem Kapitel werden drei Fallbeispiele für die Nutzung des Social Media Marketing näher durchleuchtet. Es werden die Starbucks Coffee Company und die deutsche Lufthansa als erfolgreiche Beispiele für das Social Media Marketing vorgestellt und der Lebensmittelhersteller Nestle als negatives Beispiel.

3.1 Best Case am Beispiel von Starbucks

Die Starbucks Coffee Company wurde im Jahr 1971 in den USA gegründet. Es ist der weltweit größte Röster und Anbieter von Kaffeespezialitäten in 50 Ländern.[173] Im ersten Geschäftsquartal 2011 verzeichnete Starbucks einen Umsatzrekord von 3,0 Milliarden Dollar, was einen Umsatzanstieg von 8 Prozent bedeutet.[174] In Deutschland ist Starbucks seit dem Jahr 2002 mit nun 144 Filialen vertreten. Der Hauptsitz der Starbucks Coffee Deutschland GmbH befindet sich in Essen.

Starbucks ist auf verschiedenen Social Media Plattformen vertreten. Dazu zählen die Plattformen von Twitter, YouTube, Flickr, Facebook, ein eigenes Forum und die Weblogs. Für den Social Media Auftritt setzt Starbucks ein professionelles Social Media Marketing Team ein, dass eng mit dem Marketing zusammenarbeitet, um eine abgestimmte Marketing-Strategie und ein einheitliches Leitbild nach außen zu vermitteln. Dabei steht die Qualität des Kaffees bei der Kommunikation im Mittelpunkt.[175] Eines der ersten eingesetzten Social Media Kanäle war das eigene Portal „My Starbucks Idea" mit dem Slogan „Share. Vote. Discuss. See."[176] Das Portal

---

[172] Vgl. Grabs, A., Bannour, K. (2011), S. 57 f.

[173] Vgl. Starbucks Webseite 1 (2012), Firmengeschichte, URL: http://www.starbucks.de/about-us/our-heritage, Abruf am 27.02.2012

[174] Vgl. Finanzwirtschafter (2012), Starbucks kann im 1. Geschäftsquartal einen Umsatzrekord verzeichnen, URL: http://www.finanzwirtschafter.de/9255-starbucks-kann-im-1-geschaftsquartal-einen-umsatzrekord-verzeichnen/, Abruf am 27.02.2012

[175] Vgl. Starbucks Webseite 2 (2012), Das Unternehmensleitbild von Starbucks, URL: http://www.starbucks.de/about-us/company-information/mission-statement, Abruf am 27.02.2012

[176] Vgl. My Starbucks Idea (2012), URL: http://mystarbucksidea.force.com/, Abruf am 27.02.2012

bietet dem Kunden die Möglichkeit sich aktiv an der Entwicklung und Gestaltung von Starbucks zu beteiligen. Der Kunde kann hier seine Ideen und Verbesserungsvorschläge rund um das Produkt und den Service abgeben. Diese Vorschläge und Ideen können dann von anderen Kunden eingesehen und bewertet werden (siehe Abbildung 16). Die besten und beliebtesten Kundenideen werden dann von den Starbucks-Mitarbeitern aufgenommen und umgesetzt. Auf diese Art und Weise schafft es Starbucks Vertrauen und Loyalität beim Kunden aufzubauen.

Abbildung 16: My Starbucks Idea

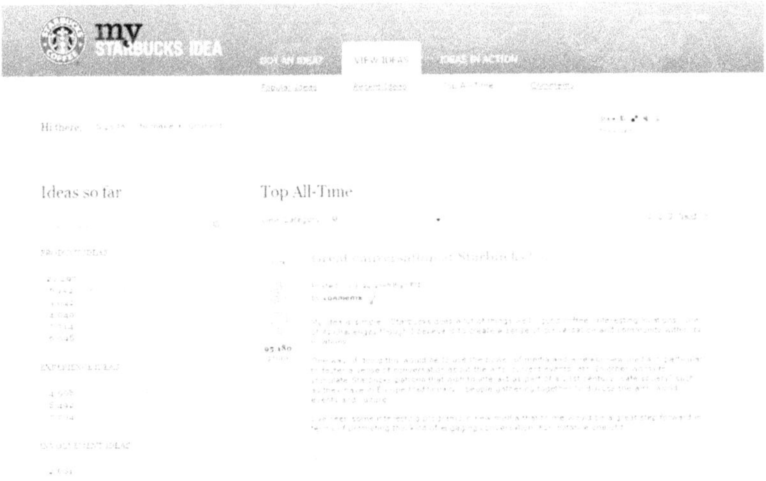

Quelle : Vgl. My Starbucks Idea (2012), URL: http://mystarbucksidea.force.com/, Abruf am 27.02.2012

Weiterhin ist Starbucks auch auf Facebook vertreten. Ihre Fanpage zählt zu den beliebtesten Fanpages auf der Facebook Plattform bzgl. der Anzahl der Fans (siehe auch Kapitel 2.7.1.1.2). Starbucks besitzt nicht nur eine Unternehmens-Fanpage, sondern nutzt auch Länder-Fanpages, wie z.B. die Starbucks Deutschland Fanpage,[177] die auf die jeweiligen Länder speziell zugeschnitten sind. Auch Twitter wird vom Unternehmen eingesetzt. Twitter wird dabei hauptsächlich für die Beantwortung von Fragen der Kunden bzw. für den Kundenservice genutzt.[178] Es können aber auch Ideen und

---

[177] Vgl Starbucks Deutschland Fanpage (2012), URL: http://de-de.facebook.com/StarbucksDeutschland ?sk=wall, Abruf am 27.02.2012
[178] Vgl. Starbucks Twitter (2012), URL: https://twitter.com/#!/Starbucks, Abruf am 27.02.2012

Vorschläge über den Kanal eingereicht und verfolgt werden.[179] Zusätzlich ist Starbucks noch mit einem eigenen „Starbucks Coffee" Channel auf YouTube vertreten. Dieser Channel hat insgesamt 12.865 Abonnementen und 8.113.349 Videoaufrufe. [180] Als letzte Social Media Plattform führt Starbucks zwei Weblogs auf ihrer eigenen Webseite. In dem einen Blog geht es um das Thema Umwelt und Gemeinschaft[181] und der andere Blog informiert den Kunden über Neuigkeiten rundum das Unternehmen.

Die Starbucks Coffee Company schafft es wie kein anderes Unternehmen das Social Media Marketing erfolgreich einzusetzen, um die Kunden zu binden, zu integrieren und Neukunden zu werben. Sie bieten den Fans des Unternehmens mit ihren Social Media Kanälen ein großes abwechslungsreiches Angebot an. Dabei konzentrieren sie sich auf die Zielgruppe und entwickeln so einen überzeugenden Inhalt, der dem Kunden einen Mehrwert bietet und ihn so überzeugt. Aus diesem Grund sind die Social Media Aktivitäten von Starbucks auch so erfolgreich und gelten als Vorbild für andere Unternehmen.

3.2 Best Case am Beispiel von Lufthansa

Auch die großen deutschen Unternehmen nutzen das Social Media Marketing heute sehr erfolgreich. Die deutsche Lufthansa ist ein solches Beispiel. Es ist die größte deutsche Fluggesellschaft und befördert mehr als 90 Millionen Fluggäste.[182] Um die Gäste über die Angebote und den Service zu informieren, setzt die Lufthansa neben den herkömmlichen Medien auch Social Media ein. Hierbei ist das Unternehmen auf den folgenden Plattformen aktiv: Facebook, Twitter und YouTube. Auf der Facebook Fanpage von Lufthansa werden 819.925 Fans der Seite angesprochen.[183] Der Inhalt wird dabei je nach Zielgruppe auf deutsch oder englisch verfasst. Die Beiträge in englischer Sprache sind dabei meist allgemeiner und auf eine große Zielgruppe zugeschnitten. Der Kunde wird nicht nur auf Flugangebote aufmerksam gemacht, sondern erhält auch Informationen zu aktuellen Meldungen des Flugverkehrs. Als im Jahr 2010 der

---

[179] Vgl. Comm, J. (2009), S. 155 f.

[180] Vgl. Youtube Starbucks Kanal (2012), URL: http://www.youtube.com/user/starbucks?ob=4&feature=results_main, Abruf am 27.02.2012

[181] Vgl. Starbucks Weblog (2012), URL: http://www.starbucks.com/responsibility/learn-more/shared-values-blog, Abruf am 27.02.2012

[182] Vgl. Lufthansa Webseite 1 (2012), URL:http://konzern.lufthansa.com/de/geschaeftsfelder/passage-airline-gruppe.html, Abruf am 28.02.12

[183] Vgl. Lufthansa Facebook (2012), URL:http://www.facebook.com/lufthansa?sk=wall, Abruf am 28.02.12

europäische Luftraum für eine Zeit gesperrt wurde, hat die Lufthansa seine Kunden über die aktuellen Entwicklungen über Facebook, wie auch Twitter eingeweiht und auf Fragen zum Thema direkt geantwortet. Wie schon angesprochen setzt die Lufthansa auch Twitter für ihr Social Media Engagement ein. Auf Twitter ist das Unternehmen mit verschiedenen Accounts vertreten, die individuell auf die jeweiligen Länder zugeschnitten sind, z.B. folgen 81.015 Nutzer dem deutschen Lufthansa Profil.[184] Die Inhalte von Twitter ähneln den Beiträgen von Facebook. Weiterhin beantworten die Lufthansa-Mitarbeiter professionell und zeitnah die Fragen der Twitter-Nutzer zu ihren Dienstleistungen. Über beide Portale wird auf Gewinnspiele und Veranstaltungen der Lufthansa aufmerksam gemacht und geworben, um dem Kunden einen weiteren Mehrwert zu bieten. Neben Twitter und Facebook, präsentiert sich die Lufthansa auch auf einem eigenem YouTube Channel.[185] Dort werden Videos zu den eingesetzten Flugzeugen gezeigt und auch Sponsorenvideos, wie das Werbevideo zusammen mit den Spielern des Fußballvereines des FC Bayern München.[186] Die Lufthansa hat es wie Starbucks verstanden, das Social Media Marketing mit abwechslungsreichen Angeboten, neben der reinen Vermarktung, mit Erfolg einzusetzen. Aus diesen Grund gewann die Lufthansa auch den „SimpliFlying-Airline Business Awards for Social Media Excellence for Airlines 2010" in der Kategorie „Beste Social-Media-Marketing-Kampagne."[187]

3.3 Worst Case am Beispiel von Nestle

Der größte Lebensmittelhersteller der Welt Nestle lernte im Jahr 2010 die negativen Seiten von Social Media Marketing kennen. Eigentlich wollte Nestle mit seiner neu erstellten Facebook-Fanpage[188] sein Image verbessern. Stattdessen endete der Social Media Auftritt im Desaster. Denn die Umweltschutzgruppe Greenpeace startete eine Kampagne gegen die Abrodung des Regenwaldes in Indonesien. Dabei unterstellten sie Nestle, dass sie durch den Kauf von Palm-Öl für deren Produkte die Zerstörung des indonesischen Regenwaldes fördern und den dort lebenden Orang-Utans den

---

[184] Vgl. Lufthansa Twitter (2012), URL: https://twitter.com/#!/Lufthansa_DE, Abruf am 28.01.2012

[185] Vgl. YouTube Lufthansa Channel (2012), URL:http://www.youtube.com/user/Lufthansa, Abruf am 28.01.2012

[186] Vgl. YouTube Lufthansa Sponsor (2012), URL:http://www.youtube.com/user/Lufthansa#p/u/2/qLJ nenjbxi8, Abruf am 28.01.2012

[187] Vgl. Lufthansa Webseite 2 (2012), URL:http://verantwortung.lufthansa.com/fileadmin/downloads/ de/LH-Auszeichnungen.pdf, Abruf am 28.01.2012

[188] Vgl. Nestle Fanpage (2012), URL: http://www.facebook.com/Nestle, Abruf am 27.02.2012

Lebensraum vernichten.[189] Um auf diese Situation aufmerksam zu machen, stellten die Umweltschützer ein Video auf das Youtube-Portal mit dem Titel " Nestle Killer - Give the Orang-Utan a break", welches sich mit Absicht nah an der Werbung zum Produkt vom Schokoriegel KitKat von Nestle orientiert. Das Video zeigt einen einfachen Büroangestellten beim Verzehr eines KitKat Schokoriegels. Doch dieser Riegel ist kein normaler Riegel, sondern statt der Schokolade ist ein Orang-Utan Affenfinger zu sehen. Beim Verspeisen des Riegels, spritzt Blut aus dem Finger heraus und tropft auf den Tisch des Angestellten. Die Kollegen betrachten dabei den Verzehr mit entsetzen. Daraufhin erscheint für eine kurze Zeit der Text: „Nestle Killer - Give the Orang-Utan a break" und es wird die KitKat-Verpackung mit dem blutenden Orang-Utan Finger als Inhalt gezeigt (siehe Abbildung 17).[190]

Abbildung 17: Videoausschnitt: Nestle Killer - Give the Orang-Utan a break

Quelle : Vgl. Huttler, T. (2010), Facebook: wenn Fanpages zum Kriegsschauplatz werden, URL: http://www.thomashutter.com/index.php/2010/03/facebook-wenn-fanpages-kriegsschauplatz-werden/, Abruf am 27.02.2012

Mit der Kampagne gegen Nestle erreichte Greenpeace eine hohe Aufmerksamkeit bei den Menschen. Das Video verbreitete sich weltweit viral im Internet aus, vor allem innerhalb der sozialen Medien. Nestle ging daraufhin gegen das Video vor und verfügte

---

[189] Vgl. Totz, S. (2010): KitKat – Süßes mit bitterem Beigeschmack, URL: http://www.greenpeace.de/ nachrichten/artikel/kitkat_suesses_mit_bitterem_beigeschmack-1/ansicht/bild/, Abruf am 27.02.2012
[190] Vgl. Huttler, T. (2010): Facebook: wenn Fanpages zum Kriegsschauplatz werden, URL: http://www.thomashutter.com/index.php/2010/03/facebook-wenn-fanpages-kriegsschauplatz-werden/, Abruf am 27.02.2012

vor Gericht eine Löschung. Doch die Löschung des Videos auf YouTube heizte die Stimmung der Nestle-Gegner noch weiter an. Die Konsumenten begannen auf der Facebook-Fanpage von Nestle und auf anderen Social Media Portalen ihren Unmut zu bekunden. Dabei wurde nicht nur kommentiert, sondern auch das Nestle-Logo negativ abgeändert und als Profilbild z.B. bei Facebook genutzt. Nestle reagierte daraufhin wieder schnell und löschte alle negativen Kommentare und forderte die Fans auf positive Kommentare zu schreiben. Dies führte aber nur noch zu größeren und weiteren Protesten gegen das Unternehmen.[191] Als Höhepunkt veranstaltete Greenpeace über Twitter eine Demonstration vor den Büros von Nestle. Dort wurden auf Leinenwänden vor den Gebäuden Twitter-Nachrichten von unzufriedenen Kunden gezeigt.[192] Am Ende entschuldigte sich Nestle auf seiner Fanpage bei seinen Kunden und versprach die Abholzung des Regenwaldes auf keine Weise mehr zu unterstützen. Doch diese Entschuldigung kam zu spät, ein riesiger Imageverlust war das Resultat. Nestle hat die virale Verbreitung von Social Media Nachrichten und Videos unterschätzt. Vor allem haben sie durch undurchdachte und falsche Reaktionen auf die negativen Kommentare, die Kunden noch weiter gegen sich aufgebracht. Aus diesem Grund ist eine Strategie in der Social Media Planung wichtig, um richtig mit negativen Kommentaren umzugehen. Nestle ist heute das Parade-Beispiel im Internet, wie Social Media nicht richtig eingesetzt wird und welche negativen Resultate dadurch entstehen können.

4. Ausblick auf das Social Media Marketing

Die Zahl der Nutzer von Social Media Plattformen wird weiterhin in der Zukunft zunehmen. Es werden vermutlich zwar einige Plattformen aus dem Netz verschwinden, doch entwickeln sich auch neue Plattformen, da sich auch der technologische Fortschritt und das Kommunikationsverhalten der Menschen weiterentwickelt. Auch die Unternehmen werden Social Media Marketing in Zukunft in ihre Marketing Aktivitäten einbauen, um sich so von der Konkurrenz abzusetzen und weiterhin erfolgreich zu ein.

---

[191] Vgl. Hein, D. (2010), PR-Debakel: Nestlé bringt eigene Fans gegen sich auf, URL: http://www.horizont.net/aktuell/marketing/pages/protected/PR-Debakel-Nestl%E9-bringt-eigene-Fans-gegen-sich-auf_91027.html, Abruf am 27.02.2012
[192] Vgl. Bayona, M. (2012), Kampagnen-Update 2: Nestlé, Kitkat und das Palmöl, URL: http://www.greenpeace.de/themen/waelder/nachrichten/artikel/nestle_zoegert_greenpeace_bleibt_dran/, Abruf am 27.02.2012

Mit der Wandlung des Internets vom reinen Informationsdienst zum sozialen Mitmachweb fand eine Revolution statt. Doch die nächste Weiterentwicklung steht bereits bevor, das sogenannte „Mobile Internet". Es ist nun möglich dank des Smartphones oder Tablets auch unterwegs auf das World Wide Web zuzugreifen. Der Zugriff erfolgt hierbei über einen mobilen Browser oder einer besonderen Applikation (auch kurz App genannt). Eine App ist ein eigenständiges Programm für das Handy oder für einen Tablet, z.B. Apple Apps oder Android Apps.[193] Sie können von dem Anwender kostenlos oder gegen eine Gebühr heruntergeladen und genutzt werden. Im Jahr 2010 besaßen schon 11 Prozent der Deutschen ein Smartphone, wovon 23 Prozent täglich das mobile Internet nutzen. Für das Jahr 2012 soll sich die Anzahl der Smartphone-Besitzer auf 22 Prozent verdoppeln.[194] In vielen Studien wird außerdem aufgezeigt, dass sich das mobile Internet in Zukunft durchsetzen wird.[195] Aus diesem Grund liegt die Zukunft des Social Media Marketings somit in mobilen Social Media Anwendungen. Alle großen Social Media Plattformen besitzen schon heute eine App, die auf das mobile Internet zugeschnitten ist. Facebook bietet Unternehmen seit kurzer Zeit eine weitere Social Media Marketing Möglichkeit über das Handy an, die sogenannte „Angebote" Funktion. Über das Global Positioning System (GPS) kann ein Nutzer seine Position bzw. seinen aktuellen Standort über das Handy an Facebook weitergeben. Mit „Facebook-Angebote" haben die Unternehmen nun die Möglichkeit ihren Kunden oder zukünftigen Kunden zu belohnen, wenn dieser das Unternehmen bzw. das Geschäft besucht und dies auf Facebook angibt.[196] Der Kunde erhält dann Informationen zu Angeboten, die er dann annehmen oder an Freunde weiterleiten kann (siehe Abbildung 18 auf der nächsten Seite).

---

[193] Vgl. Bernauer, D. (2008), S. 4
[194] Vgl. Ottogroup (2012), URL:http:www.ottogroup.com/media/docs/de/download/meldungen/go_smart.pdf, Abruf am 10.03.2012
[195] Vgl. Heuzeroth, T. (2010), S. 101
[196] Vgl. Facebook Deals (2012), URL:http://ads.ak.facebook.com/ads/FacebookAds/EMEA_deals_businesses_DE.pdf, Abruf am 10.03.2012

Abbildung 18: Beispiel für Facebook-Angebote Funktion

  Yvonne Chen hat ein Angebot hier beansprucht: Sol Cafe.

20% Rabatt
Endet am Sonntag, 1. Mai 2011
Besuche diesen Ort, um das zu beanspruchen.

Mittwoch um 19:03 via iPhone · Gefällt mir · Kommentieren

Quellen: Vgl. Facebook Deals (2012), URL:http://ads.ak.facebook.com/ads/FacebookAds/EMEA_deals_
businesses_DE.pdf, Abruf am 10.03.2012

Ein Unternehmen kann dabei auf vier Arten von Angeboten auf Facebook zurückgreifen:[197]

- *Individuelles Angebot*

  Dies ist ein einmaliges Angebot für neue oder alte Kunden, um z.B. ein neues Produkt vorzustellen.

- *Treueangebot*

  Es richtet sich an Stammkunden, die einen Ort mehrmals besuchen und so eine Belohnung erhalten.

- *Freundschaftsangebot*

  Die Kunden erhalten ein Angebot, wenn sie in einer Gruppe einen Ort besuchen.

- *Wohltätigkeitsangebot*

  Wenn Kunden einen Ort besuchen, wird ein Teil der eingelösten „Angebote" für Wohltätigkeiten gespendet. So kann ein Unternehmen dem Kunden zeigen, dass es sich für gute Zwecke einsetzt.

Cinemaxx gab z.B. den ersten 10.000 Besuchern ihres Kinos, die sich über Facebook vor Ort eincheckten, je eine Tüte Popcorn umsonst.[198] Zur Zeit nutzen nur ausgewählte Partner die Angebote-Funktion von Facebook.

Das Social Media Marketing entwickelt sich immer weiter, neue Tools, Techniken und Plattformen entstehen. Die Unternehmen müssen sich darauf einstellen, um von der neuen ständigen Online-Aktivität des Kunden zu profitieren.

---

[197] Vgl. Facebook Deals (2012), URL:http://ads.ak.facebook.com/ads/FacebookAds/EMEA_deals_ businesses_DE.pdf, Abruf am 10.03.2012

[198] Vgl. Vielmeier, J. (2012), Facebook Deals startet in Deutschland, Angebote bei sieben Partnern, URL:http://www.basicthinking.de/blog/2011/01/31/facebook-deals-startet-in-deutschland-angebote-bei-sieben-partnern/, Abruf am 10.03.2012

5. Fazit

In dieser Bachelor Arbeit wurde aufgezeigt wie ein Unternehmen das Social Media Marketing nutzen kann. Es besitzt großes Potential und kann ein Unternehmen zu einer großen Bekanntheit führen. Doch die Unternehmen müssen bedenken, dass Social Media Marketing keine kurzfristige Kampagne ist, sondern langfristig gesehen werden muss. Dabei muss eine Strategie vom Management entwickelt werden, um einen Erfolg zu realisieren. Diese Aufgabe ist sehr komplex und besteht aus vielen Teilaspekten, die geplant und koordiniert werden müssen. Aus diesem Grund benötigt ein Unternehmen auch qualifizierte Mitarbeiter, die die Aufgaben sinnvoll umsetzen können. Viele Unternehmen setzen sich mit diesem Thema zu wenig auseinander und lassen sich somit Chancen entgehen oder erkennen Risiken nicht, die bei falscher Nutzung von Social Media Marketing auftreten können. Die Unternehmen sind zwar auf den Social Media Plattformen angemeldet, aber sind dort zu wenig oder kaum aktiv im Umgang mit den Kunden. Doch dies ist der wichtigste Aspekt von Social Media, nämlich den Kunden auf Augenhöhe professionell entgegen zu treten, bei Kritik wie auch bei Lob und ihm einen Mehrwert zu bieten, den die Konkurrenz nicht bietet. Ein Social Media Engagement ist für jedes Unternehmen geeignet ob Klein- oder Großunternehmen und muss je nach strategischer Ausrichtung individuell für das jeweilige Unternehmen geplant werden, da es keine allgemeine Lösung gibt.

Quellenverzeichnis

Literaturverzeichnis

Ambühl, R. (2011): Facebook Marketing leicht gemacht – Mit kleinen Mitteln viel erreichen: Wertvolle Praxistipps und kompakte Anleitungen, Book on Demand GmbH, Norderstedt 2011

Arbeitsgemeinschaft Online Forschung e.V. (2010): Graphiken zu dem Berichtsband zu Internet Facts 2010-III, Frankfurt 2010

Aßmann, J. (2010): Instrument des Social-Media-Monitoring – Eine kritische Bestandsaufnahmen, Masterarbeit, Hochschule Darmstadt, Darmstadt 2010

Bauer, H., Martin, I., Albrecht, C. (2007): Virales Marketing als Weiterentwicklung des Empfehlungsmarketing, in: Bauer, H., Große-Leege, D., Rösger, J. (Hrsg.), Interactive Marketing im Web 2.0 – Konzepte und Anwendungen für ein erfolgreiches Markenmanagement im Internet, Köln 2007, S. 58 – 69

Bender, G. (2008): Kundengewinnung und -bindung im Web 2.0, in: Hass, H./Walsh, G., Kilian, T. (Hrsg.), Web 2.0 – Neue Perspektiven für Marketing und Medien, Berlin 2008

Bernauer, D. (2008): Mobile Internet - Grundlagen, Erfolgsfaktoren und Praxisbeispiele, Vdm Verlag Dr. Müller, Saarbrücken 2008

Bernet, M. (2010): Social Media in der Medienarbeit. Online-PR im Zeitalter von Google, Facebook & Co., VS Verlag, Wiesbaden 2010

Blank, I. (2009): Social Media Kompass, Bundesverband Digitale Wirtschaft (BVDW), Düsseldorf 2009

Büttgen, M. (2009): Web 2.0 – Anwendung zur Informationsgewinnung von Unternehmen, Band 7, Berlin Verlag, Berlin 2009

Comm, J. (2009): Twitter Power – How to dominate your market one tweet at a time, Hoboken, New Jersey 2009

Eck, K. (2007): Corporate Blogs. Unternehmen im Online Dialog zum Kunden, Orell Füssli, Zürich 2007

Fabian, R. (2011): Kundenkommunikation über Social Media, Josef EUL Verlag GmbH, Band 6, Köln 2011

Franke, S., Schmiegelow, A., Ditges, H., Griffel, S., Mayer-Uellner, R., Wappmann, M., Ratzke, J. (2009): Social Media Kompass, Bundesverband Digitale Wirtschaft (BVDW) e.V., Düsseldorf 2009

Grabs, A., Bannour, K. (2011): Follow me! Erfolgreiches Social Media Marketing mit Facebook, Twitter und Co., Galileo Computing, Aufl. 1, Bonn 2011

Graf, D. (2009): Social Media Marketing, BITKOM Bundesverband Informationsmanagement, Band 9, Berlin 2009

Günther, J., Pöld, B., Spath, D. (2010): Wissensmanagement 2.0. Erfolgsfaktoren für das Wissensmanagement mit Social Software – einer empirische Studie zu organisatorischen und motivationalen Erfolgsfaktoren für den Einsatz von Social Software für Unternehmen, Frauenhofer-Verlag, Stuttgart 2010

Hafner, K., Lyon, M. (1997): Arpa Kadabra Die Geschichte des Internets, 1 Aufl., Heidelberg 1997

Hettler, U. (2010): Social Media Marketing- Marketing mit Blogs, Sozialen Netzwerken und weiteren Anwendungen des Web 2.0, Oldenburg Verlag München, München 2010

Heuzeroth, T. (2010): Der mobile Alleskönner für die Reise, in: WAMS Nr. 16 vom 18. April 2010, S. 101

Heymann-Reder, D. (2011): Social Media Marketing – Erfolgreiche Strategie für Sie und ihr Unternehmen, Addison Wesley Verlag, München 2011

Hilker, C. (2010): Social Media für Unternehmer – Wie man Xing, Twitter, YouTube und Co. erfolgreich im Business einsetzt, Linde Verlag Wien, Wien 2010

Holz, A., Halbach, J., Schleinhege, M. (2010): Social Media im Handel- Leitfaden für kleine und mittlere Unternehmen, Hrsg. E-Commerce-Center Handel, Köln 2010

Holzapfel, F., Holzapfel K. (2010): Facebook-Marketing unter Freunden. Dialog statt plumpe Werbung, Business Village, Göttingen 2010

Huber, M. (2010): Kommunikation im Web 2.0. Twitter, Facebook & Co., 2. überarb. Aufl., UVK Verlag (PR Praxis, 13), Konstanz 2010

Hunnehens, W. (2010): Die Ich-Sender. Das Social Media-Prinzip Twitter, Facebook & Communities erfolgreich einsetzen, Business-Village, 3 Aufl., Göttingen 2010

Jodeleit, B. (2010): Social Media Relations: Leitfaden für erfolgreiche PR-Strategien und Öffentlichkeitsarbeit im Web 2.0, dpunkt. Verlag, Heidelberg 2010

Kaplan A., Haenlein, M. (2010): User oft he world unite! The challange and opportunities of social media, Business Horizons, Vol. 53, Issue 1, 2010

Klinger, M. (2006): Virales Marketing: Die Macht der sozialen Netze, VDM Verlag Dr. Müller, Aufl.1, Saarbrücken 2006

Langer, S. (2007): Viral Marketing - Wie Sie Mundpropaganda gezielt auslösen und Gewinn bringend nutzen, Gabler Verlag, Aufl. 2, Wiesbaden 2007

Lehner, F. (2009): Wissensmanagement - Grundlagen Methode & technische Unterstützung, Carl Hanser Verlag, 3 Aufl., München Wien 2009

Leinemann, R. (2011): IT-Berater und soziale Medien, Springer Verlag, Berlin Heidelberg 2011

Li, C., Bernoff, J. (2008): Groundswell: Winning in a world transformed by social technologies, Harvard Business School Press, Boston, Mass. 2008

Matula, T. (2011): Social Media Marketing Handbuch für Vorstände, Geschäftsführer und Marketingleiter, epuli GmbH, Berlin 2011

Meinel C., Sack, H. (2009): Digitale Kommunikation – Vernetzen, Multimedia Sicherheit, Springer Verlag, Berlin Heidelberg 2009

Meermann Scout, D. (2010): Die neuen Marketing- und PR-Regeln im Social Web: Wie Sie Social Media, Online Video, Mobile Marketing, Blogs, Pressemitteilungen und virales Marketing nutzen, um Ihre Kunden zu erreichen, Verlagsgruppe Hüthig-Jehle-Rehm, Aufl. 2, Heidelberg 2010

Mühlenbeck, F., Skibicki, K. (2007): Community Marketing Management - Wie man die Online-Communitites im Internet-Zeitalter des Web 2.0 zum Erfolg führt, Books on Demand GmbH, 1 Aufl., Norderstedt 2007

Münz, S. (2005): Professionelle Websites: Programmierung, Design und Administration von Webseiten, Addison-Wesley, München 2009

O´Reilly, T., Milstein, S. (2009): Das Twitter-Buch, O´Reilly Verlag, 1 Aufl., Köln 2009

Pfeil, T. (2010): Mehr Wert schaffen – Social Media in der B2B-Kommunikation, Hrsg. Institut für Kommunikation der Hochschule Darmstadt, Darmstadt 2010

Picot, A., Fischer, T. (2005): Weblogs professionell: Grundlagen, Konzepte und Praxis im unternehmerischen Umfeld, Dpunkt Verlag, 1 Aufl., Heidelberg 2005

Raabe, A. (2007): Social Software in Unternehmen: Wikis und Weblogs für Wissensmanagement und Kommunikation, VDM Verlag, 1 Aufl., Saarbrücken 2007

Safko, L., Brake, D. (2009): The Social Media Bible; Tactics, Tools & Strategies for Business Success; John Wiley & Sons, Inc., Hoboken, New Jersey 2009

Schillinger, R. (2010): Faszination Facebook- Psycho-soziale Motivatoren für die aktive Partizipation bei Social Networking Sites, Diplomica Verlag, Hamburg 2010

Schulz, T. (2010): Komplett skrupellos, in: Der Spiegel, Nr 40/04.10.2010, S. 102-105

Szugat, M., Gewehr, J., Lochmann C. (2006): Social Software - Blogs, Wikis & Co., 1 Aufl., Frankfurt 2006

TNS Infratest (2010): (n)onliner Atlas 2011 - Eine Topographie des digitalen Grabens durch Deutschland, Herausgeber TNS Infratest GmbH und Initiative D21 e.V., Königsdruck 2011

Weinberg, T. (2010): Social Media Marketing - Strategien für Twitter, Facebook & Co., O'Reilly Verlag, Köln 2010

Walsh, G., Hass, H., Kilian T. (2008): Web 2.0 – Neue Perspektiven für Marketing und Medien, Springer Verlag , Heidelberg Berlin 2008

Weyer, J. (2000): Soziale Netzwerke - Konzepte und Methoden der sozialwissenschaftlichen Netzwerkforschung , Oldenbourg Wissenschaftsverlag, München 2000

Zarella, D. (2010): Das Social Media Marketing Buch, O'Reilly Verlag, Köln 2010

Zühlke, D. (2005): Der intelligente Versager, Primus Verlag, 1 Aufl., Darmstadt 2005

Internetquellen

ARD/ZDF Onlinestudie 2011 (2011): URL: http://www.ard-zdf-onlinestudie.de/index.php?id=307, Abruf am 14.01.2012

Bayona, M. (2012): Kampagnen-Update 2: Nestlé, Kitkat und das Palmöl, URL: http://www.greenpeace.de/themen/waelder/nachrichten/artikel/nestle_zoegert_greenpea ce_bleibt_dran/, Abruf am 27.02.2012

Bitkom – Bundesverband Informationswirtschaft , Telekommunikation und neue Medien (2009): Web 2.0- Nutzung, URL: http://www.bitkom.org/de/markt_statistik/ 64018_65230.aspx, Abruf am 14.01.2012

BMW (2012): URL: http://www.facebook.com/BMW, Abruf am 25.01.2012

Coca Cola (2012): URL: http://www.facebook.com/cocacola, Abruf am 25.01.2012

Colditz, D. (2011): Facebook Insights – Statistik-Tool für die eigene Facebook-Seite, URL: http://www.wkm-socialmedia.de/facebook-insights-%E2%80%93-statistik-tool-fur-die-eigene-facebook-seite/, Abruf am 11.02.2012

Delicious (2012): URL: http://delicious.com/Abruf am 04.02.2012

Deutsches Institut für Marketing (2010): DIM - Expertenpanel Marketing 2010 Social Media Marketing, URL: http://www.marketinginstitut.biz/media/Deutsches%20 Institut%20f%C3%BCr%20Marketing%20-%20Studie%20Social%20Media%20Mark eting%20(SMM).pdf, Abruf am 26.02.2012

Digg (2012): URL: http://digg.com/, Abruf am 04.02.2012

Duden 1 (2010): URL: http://www.duden.de/rechtschreibung/sozial, Abruf am 06.01.2012

Duden 2 (2010): URL:http://www.duden.de/rechtschreibung/Medien_Presse_Rundfunk _Fernehen, Abruf am 06.01.2012

Evian Roller-Babys (2012): URL: http://www.youtube.com/watch?v=eExHIzBKRU0 &feature=related, Abruf am 11.02.2012

Facebook Deals (2012): URL: http://ads.ak.facebook.com/ads/FacebookAds/EMEA_ deals_businesses_DE.pdf, Abruf am 10.03.2012

Finanzwirtschafter (2012): Starbucks kann im 1. Geschäftsquartal einen Umsatzrekord verzeichnen, URL: http://www.finanzwirtschafter.de/9255-starbucks-kann-im-1-geschaftsquartal-einen-umsatzrekord-verzeichnen/, Abruf am 27.02.2012

Hein, D. (2010): PR-Debakel: Nestlé bringt eigene Fans gegen sich auf, URL: http://www.horizont.net/aktuell/marketing/pages/protected/PR-Debakel-Nestl%E9bring t-eigene-Fans-gegen-sich-auf_91027.html, Abruf am 27.02.2012

Holidaycheck (2012): URL: http://www.holidaycheck.de/, Abruf am 04.04.2012

Hoffman, D. (2011): Social Media Nutzerzahlen und Trends in Deutschland Q2/2011, URL: http://www.socialmedia-blog.de/2011/05/social-media-nutzerzahlen-deutschland-2011, Abruf am 08.01.2012

Huttler, T. (2010): Facebook: wenn Fanpages zum Kriegsschauplatz werden, URL: http://www.thomashutter.com/index.php/2010/03/facebook-wenn-fanpages-kriegsschauplatz-werden/, Abruf am 26.02.2012

Kinder Riegel (2012): Virtual Riegel, URL: http://apps.facebook.com/virtualriegel/, Abruf am 24.01.2012

King Kong (2012): URL: http://www.kongisking.net/index.shtml, Abruf am 27.01.2012

Lufthansa Facebook (2012): URL: http://www.facebook.com/lufthansa?sk=wall, Abruf am 28.02.12

Lufthansa Twitter (2012): URL: https://twitter.com/#!/Lufthansa_DE, Abruf am 28.01.2012

Lufthansa Webseite 1 (2012): URL: http://konzern.lufthansa.com/de/geschaeftsfelder/ passage-airline-gruppe.html, Abruf am 28.02.12

Lufthansa Webseite 2 (2012): URL: http://verantwortung.lufthansa.com/fileadmin/ downloads/de/LH-Auszeichnungen.pdf, Abruf am 28.01.2012

Mister Wong (2012): URL: http://www.mister-wong.de/, Abruf am 04.02.2012

My Starbucks Idea (2012): URL: http://mystarbucksidea.force.com/, Abruf am 27.02.2012

Nestle Fanpage (2012): URL: http://www.facebook.com/Nestle, Abruf am 27.02.2012

Ottogroup (2012): Go Smart, URL: http://www.ottogroup.com/media/docs/de/downlo ad/meldungen/go_smart.pdf, Abruf am 10.03.2012

Porsche (2012): URL: http://www.facebook.com/porsche, Abruf am 25.01.2012

Radian6 (2012): URL: http://www.radian6.com, Abruf am 11.02.2012

Roth, P. (2012): Facebook Werbepreise und Nutzerzahlen in Europa (Whitepaper), URL: http://allfacebook.de/ads/facebook-werbepreise-und-nutzerzahlen-in-europa-whitepaper, Abruf am 24.01.2012

Roth, P. (2012): Infografik: Facebook 2012 – Nutzerzahlen & Fakten, URL: http://allfacebook.de/zahlen_fakten/infografik-facebook-2012-nutzerzahlen-fakten, Abruf am 21.01.2012

Schumann M., Anger, I. (2012): Guide to Mobile Social Media Marketing, URL: www.evolaris.net/download-guide-social-media/, Abruf am 21.01.2012

Starbucks (2012): URL: http://www.facebook.com/Starbucks, Abruf am 25.01.2012

Starbucks Deutschland Fanpage (2012): URL: http://de-de.facebook.com/Starbucks Deutschland?sk=wall, Abruf am 27.02.2012

Starbucks Twitter (2012): URL: https://twitter.com/#!/Starbucks, Abruf am 27.02.2012

Starbucks Weblog (2012): URL: http://www.starbucks.com/responsibility/learn-more/shared-values-blog, Abruf am 27.02.2012

Starbucks Webseite 1 (2012): Firmengeschichte, URL: http://www.starbucks.de/about -us/our-heritage, Abruf am 27.02.2012

Starbucks Webseite 2 (2012): Das Unternehmensleitbild von Starbucks, URL: http://www.starbucks.de/about-us/company-information/mission-statement, Abruf am 27.02.2012

StumbleUpon (2012): URL: http://www.stumbleupon.com/, Abruf am 04.02.2012

Totz, S. (2010): KitKat – Süßes mit bitterem Beigeschmack, URL: http://www.greenpeace.de/nachrichten/artikel/kitkat_suesses_mit_bitterem_beigeschma ck-1/ansicht/bild/, Abruf am 27.02.2012

Vielmeier, J. (2012): Facebook Deals startet in Deutschland, Angebote bei sieben Partnern, URL: http://www.basicthinking.de/blog/2011/01/31/facebook-deals-startet-in-deutschland-angebote-bei-sieben-partnern/, Abruf am 10.03.2012

VZ 1 (2012): Social Media Advertising, URL:http://static.pe.studivz.net/media/de/sales/ VZgeschaeftlich/Factsheet_Brand_Profile_100311b.pdf, Abruf am 25.01.2012

VZ 2 (2012): VZ-Netzwerke für Deutschland, URL: http://static.pe.studivz.net/media/ de/sales/VZgeschaeftlich/Mediadaten_190112.pdf , Abruf am 25.01.2012

Yigg (2012): URL: http://yigg.de/, Abruf am 04.02.2012

YouTube Coca Cola (2012): URL: http://www.youtube.com/user/cocacola?blend=1& ob=0, Abruf am 28.01.2012

YouTube Lufthansa Channel (2012): URL: http://www.youtube.com/user/Lufthansa, Abruf am 28.01.2012

YouTube Lufthansa Sponsor (2012): URL: http://www.youtube.com/user/Lufthansa# p/u/2/qLJnenjbxi8, Abruf am 28.01.2012

Youtube Starbucks Kanal (2012): URL: http://www.youtube.com/user/starbucks?ob =4&feature=results_main, Abruf am 27.02.2012

YouTube Statistik Tool (2012): URL: http://www.youtube.com/t/advertising_insight, Abruf am 11.02.201